# LE DISCOURS ÉLECTORAL

## LES POLITICIENS SONT-ILS FIABLES?

**Données de catalogage avant publication (Canada)**

Monière, Denis, 1947-
　　Le discours électoral
　　(Dossiers documents)
　　ISBN 2-89037-413-0

　　1. Campagnes électorales – Canada.　2. Propagande électorale –
Canada.　3. Élections – Débats – Canada.　4. Télévision en politique
– Canada.　5. Canada. Parlement – Élections, 1984.　I. Titre.
II. Collection: Dossiers documents (Montréal, Québec).

JL193.M66 1988　　　　　324.7'0971　　　C88-096512-6

Ce livre a été produit avec un ordinateur Macintosh
de Apple Computer Inc. ◆

DÉPÔT LÉGAL:
4ᵉ TRIMESTRE 1988
BIBLIOTHÈQUE NATIONALE DU QUÉBEC
ISBN 2-89037-413-0

DENIS MONIÈRE

# LE DISCOURS ÉLECTORAL

## LES POLITICIENS SONT-ILS FIABLES?

ÉDITIONS QUÉBEC/AMÉRIQUE

# DU MÊME AUTEUR

## CHEZ D'AUTRES ÉDITEURS

*Critique épistémologique de l'analyse systémique,* Ottawa, Éditions de l'université d'Ottawa, 1976.

*Les Idéologies au Québec: bibliographie* (en collaboration avec André Vachet), Montréal, Bibliothèque nationale du Québec, 1977.

*Cause commune, pour une internationale des petites cultures* (en collaboration avec Michèle Lalonde), Montréal, L'Hexagone, 1981.

*Ideologies in Quebec,* Toronto, University of Toronto Press, 1981.

## CHEZ LE MÊME ÉDITEUR

*Le Développement des idéologies au Québec,* 1977.

*Le trust de la foi* (en collaboration avec Jean-Pierre Gosselin), 1978.

*Les Enjeux du référendum,* 1979.

*Pour la suite de l'histoire,* 1982.

*André Laurendeau et le destin d'un peuple,* 1983.

*Avez-vous lu Hirschman?,* 1985.

*Ludger Duvernay et la révolution intellectuelle au Bas-Canada,* 1987.

*Introduction aux théories politiques,* (en collaboration avec Jean H. Guay) 1987.

Je tiens à remercier mon ami
et collègue André Blais pour
les nombreux commentaires et
suggestions qu'il m'a prodigués.

J'espère avoir été à la
hauteur de ses conseils.

# Table des matières

# Liste des tableaux

# Avant-propos

## Est-il utile de tromper le peuple?

«Gouverner c'est faire croire», disait Machiavel. L'auteur du *Prince* est reconnu pour avoir posé les fondements de la théorie politique moderne en déterminant les moyens à prendre pour conquérir et conserver le pouvoir. La réflexion de Machiavel est dite moderne parce qu'il ne subordonne pas son analyse à un point de vue moral ou religieux, il s'interroge plutôt sur le rapport entre le moyen et la fin et cherche le meilleur moyen pour conquérir le pouvoir. Et pour ce faire, il se fonde sur l'observation de l'histoire. Il constate que même si l'honnêteté est souhaitable en politique, les Princes qui ont accompli les plus grandes choses sont ceux qui ont fait peu de cas de la parole donnée. Dès lors, il soutient qu'il peut être justifié de recourir à la ruse, au mensonge, à la dissimulation pour obtenir l'obéissance du peuple. Machiavel donnait le conseil suivant à ceux qui voulaient réussir en politique:

> Un Prince bien avisé ne doit point accomplir sa promesse lorsque cet accomplissement lui serait nuisible et que les raisons qui l'ont amené à promettre n'existent plus: tel est le précepte à donner. (*Le Prince*, Paris, coll. 10-18, 1962, p. 57)

Mais s'il est normal que le Prince ne tienne pas parole, il doit cependant paraître loyal, sincère et honnête. Il doit donc dissimuler, sauver les apparences autant que faire se peut.

Hier comme aujourd'hui, cette thèse n'a pas fait l'unanimité et a alimenté une vive polémique. Avant d'accéder au trône de Prusse, Frédéric II avait rédigé un opuscule dans lequel il s'objectait aux thèses machiavéliennes. Contrairement à l'auteur du *Prince*, il prétendait que le prince devait tenir parole:

> L'artifice donc et la dissimulation habiteront en vain sur les lèvres de ce prince, la ruse dans ses discours et dans ses actions lui sera inutile; on ne juge pas les hommes sur leur parole, ce serait le moyen de se tromper toujours, mais on compare leurs actions ensemble, et puis leurs actions et leurs discours; c'est contre cet examen réitéré que la fausseté et la dissimulation ne pourront jamais rien. (*Examen du Prince de Machiavel*, La Haye, 1741, II, p. 19)

Mais les bonnes intentions ne résistent jamais longtemps aux exigences du pouvoir. Sa pratique politique ne se conformera pas à son idéal éthique et donnera raison à Machiavel. Frédéric II demandera d'ailleurs à Voltaire de détruire son œuvre de jeunesse qui témoignait de façon trop éloquente de ce hiatus entre la théorie et la pratique.

Malgré tout, cette question continua de l'obséder. Peut-être pour se donner bonne conscience et conserver son image de roi-philosophe, le roi de Prusse ne put refuser à l'encyclopédiste D'Alembert la permission d'organiser un concours à l'Académie de Prusse sur le thème de la dissimulation politique. D'Alembert expliquait ainsi sa requête:

> Je pense, pour moi, qu'il faut toujours enseigner la vérité aux hommes et qu'il n'y a jamais d'avantage réel à les tromper. L'Académie de Berlin en posant cette question pour le sujet du prix de métaphysique se ferait je crois

beaucoup d'honneur et se distinguerait des autres compagnies littéraires qui n'ont encore que trop de préjugés. (Lettre de D'Alembert à Frédéric II, *Œuvre s de Frédéric le Grand*, Berlin, 1854, XXIV, p. 467)

D'Alembert voulait que l'Europe intellectuelle débatte la question suivante: Est-il utile de tromper le peuple?

La formulation de la question est en soi révélatrice du nouvel esprit philosophique. La problématique n'est pas définie de façon normative ou morale. On ne se demande pas s'il est bon ou mauvais de tromper le peuple, mais plutôt si cela est utile. On s'interroge donc sur les effets de l'action et non sur les motifs.

Ce thème suscita une très forte participation puisque 42 essais furent soumis à l'Académie, ce qui représentait un chiffre record pour ce concours. Des 32 textes acceptés, 12 répondaient à la question posée par l'affirmative et 20 par la négative. Mais pour ne pas déplaire au roi, le jury décida de partager le prix entre deux auteurs: Becker et Castillon, le premier avait répondu non alors que le second estimait que le gouvernement était justifié de mentir au peuple si ce mensonge servait les intérêts des gouvernés. À son avis, la politique était un des domaines où le mensonge était nécessaire et utile. Ainsi, Castillon pensait qu'il était préférable de ne pas informer le peuple des erreurs commises par le Souverain, car cela pouvait miner la confiance que le peuple doit avoir envers ses dirigeants et signifier à long terme la destruction du principe d'autorité. Toute vérité n'était pas bonne à dire. Une telle conclusion ne pouvait que réjouir les gouvernants qui voyaient ainsi la règle du secret légitimée non plus par la raison d'État mais par l'intérêt du peuple.

La problématique de la manipulation et de la dissimulation se pose de façon encore plus aiguë dans les sociétés démocratiques. Puisque dans une démocratie, le pouvoir est formellement fondé sur le consentement des citoyens, l'accès à la gouverne dépend de la capacité de persuasion d'un candidat ou d'un parti. Ce consentement est obtenu par l'élection qui permet à l'électeur de faire son choix entre plusieurs candidats et partis. La personnalité du leader, l'image projetée, le programme et les promesses électorales présentés par les partis en concurrence sur le marché des électeurs sont des facteurs qui interviennent dans la décision de l'électeur d'accorder sa confiance à un parti plutôt qu'à un autre. Il importe donc de comprendre les fonctions du discours électoral et son rapport à l'action gouvernementale.

Dans cette étude, nous tenterons de saisir l'interaction dynamique entre les discours électoraux, les électeurs et les actions des gouvernants afin de déterminer s'il y a concordance entre les discours et les politiques. Nous étudierons les relations entre le programme des partis, les discours électoraux et le programme législatif du parti gouvernemental. Nous chercherons aussi à déterminer le degré de fiabilité du discours politique. Le citoyen peut-il se fier au discours électoral pour prédire les décisions gouvernementales?

# Introduction

## «Tu nous a menti»

Le problème de la fiabilité des discours politiques a été posé dès les débuts de la démocratie parlementaire au Canada. Ainsi, un journal du Bas-Canada *La Gazette des Trois-Rivières* publiait le 29 février 1820 un *Catéchisme des électeurs* où le rédacteur mettait l'électeur en garde contre les fausses promesses:

> Qu'est-ce qu'une élection?
> C'est souvent un effort inutile.
> Qu'entendez-vous par ces paroles?
> J'entends que les électeurs et les candidats se trompent souvent et réciproquement.
> Que doivent-ils faire pour ne pas se tromper?
> Les candidats ne doivent pas promettre plus qu'ils ne peuvent tenir et les électeurs doivent tâcher de connaître assez les candidats pour ne pas être trompés, ce qui est arrivé plus d'une fois. (Cité par D. Monière, *Ludger Duvernay*, Montréal, Québec/Amérique, 1987, p. 44)

Ces sages conseils ne semblent pas avoir été entendus, car encore de nos jours, les promesses non tenues défraient la chronique.

Aux élections fédérales de 1984, le Parti conservateur s'était engagé à maintenir l'universalité des programmes sociaux et son chef, Brian Mulroney, avait juré que jamais il ne toucherait aux pensions de vieillesse, même si certains ténors de son parti avaient déjà manifesté des intentions contraires. Le 11 août 1984, il promettait «de rétablir la pleine indexation au coût de la vie des pensions de vieillesse à compter du premier janvier 1985».(*Le Devoir*)

En campagne électorale, il faut gagner le plus de votes possible, car la différence entre la victoire et l'échec tient souvent à un faible déplacement de l'électorat et la tentation est bien grande de faire des promesses à des segments spécifiques de l'électorat pour obtenir leur soutien. Mais, une fois au pouvoir, la réalité reprend ses droits ou encore le parti nouvellement élu montre son vrai visage et adopte des lois qui ne confirment pas toujours les engagements pris lors de la campagne électorale.

Ainsi, quelques mois après son élection, dans son premier budget, le gouvernement conservateur décidait de n'indexer les pensions de vieillesse qu'à partir d'une hausse de l'indice des prix à la consommation de trois pour cent, ce qui avait pour effet de réduire automatiquement le pouvoir d'achat des personnes âgées. Cette décision de réduire l'aide aux gens du troisième âge constituait un virage radical par rapport aux promesses du Parti conservateur. Une députée de ce parti déclarait que le parti n'était pas tenu de respecter sa promesse électorale, car disait-elle: «l'été dernier, nous ne connaissions pas l'état des finances gouvernementales. Il a fallu rajuster notre tir.» (*La Presse*, 29 mai 1985, A-5)

Le Premier ministre dut alors faire face à un tollé de protestations. Il fut interpellé sur la colline parlementaire par une vieille dame en colère: «Où sont les promesses? Tu as dit: je ne toucherai à rien. Tu nous a menti! Tu nous as fait voter pour toi puis là, Goodbye Charlie Brown!» Cette déclaration témoignait de façon éloquente de la réaction de déception manifestée par les citoyens envers le politicien qui ne tient pas ses promesses. Par leur vigilance et leur campagne de mobilisation, les personnes âgées obligèrent le gouvernement conservateur à reculer.

Deux ans après la prise du pouvoir, un sondage révélait une chute spectaculaire de la popularité des conservateurs qui étaient passés de 50 % à 35 % dans les sondages sur la faveur populaire. Ce sondage révélait que parmi les causes de cette désaffection, les promesses non tenues étaient mentionnées par 9 % de l'électorat. (Voir *The Gazette*, 4 septembre 1986)

La restriction mentale, le double langage ou le mensonge pur et simple sont des pratiques courantes aussi bien sur la scène fédérale que sur la scène provinciale. Et le Québec n'a pas été épargné par ce fléau. Chaque gouvernement passe à l'histoire pour au moins une promesse non tenue. (Voir Paul Unterberg, *100,000 promesses: liste partielle et incomplète des promesses électorales garochées aux Québécois depuis 1867*, Montréal, Parti pris, 1968) Rappelons-nous quelques cas célèbres comme la promesse de l'Union nationale aux élections de 1936 de nationaliser les compagnies d'électricité ou encore l'engagement de Mackenzie King en 1939 de ne pas imposer la conscription. Plus récemment, le Parti libéral de Robert Bourassa s'était engagé en novembre 1985, en pleine campagne électorale, devant 5000 jeunes, à maintenir le gel des frais de scolarité. Quelques mois à peine après son élection, le gouvernement tentait de revenir sur la parole donnée et envisageait d'augmenter les frais de scolarité. Claude Ryan, ministre de l'Éducation, justifiait ce virage en disant qu'un gouvernement qui fait une promesse qu'il n'aurait jamais dû faire doit avoir le courage de reconnaître son erreur. Mais n'aurait-il pas été plus sage de ne pas céder à la tentation manipulatrice, car pas plus M. Ryan que son chef ne pouvaient ignorer la réalité du sous-financement des universités ou encore l'écart entre les frais de scolarité au Québec et en Ontario? Même si les protestations étudiantes les obligèrent à retraiter, ces manœuvres illustrent la fragilité de la démocratie de représentation. Comment s'étonner dès lors du scepticisme et de la méfiance de larges fractions de la population envers les institutions démocratiques et du manque de confiance envers les hommes politiques qui promettent souvent plus qu'ils ne peuvent tenir?

Un récent sondage effectué en 1986 pour la revue *Canadian Legislatures* révélait qu'une majorité de Canadiens sont d'avis que les hommes politiques ne sont ni sincères, ni honnêtes. Le responsable de l'enquête affirmait que les jeunes manifestaient un niveau particulièrement élevé de cynisme, car 59 % des personnes de la catégorie des 18-29 ans ne croyaient pas à l'intégrité des élus fédéraux et provinciaux. Seulement 42 % des personnes interrogées maintenaient leur confiance à l'égard des hommes politiques. (Voir *La Presse*, 19 décembre 1986, p. B-4) Il semble, selon plusieurs observateurs, que depuis le début des années soixante-dix, les Canadiens sont de plus en plus mécontents et désabusés politiquement. (Voir Clarke et *alii., The Absent Mandate*, Toronto, Gage, 1984, p. 31)

La culture populaire entretient une vision négative de l'homme politique et le représente comme un magouilleur, un être fourbe, à l'occasion sympathique mais peu fiable. Cette image est bien illustrée par une strophe d'une chanson de Félix Leclerc: «le soir des élections, il m'appelait son fiston, le lendemain, il ne se rappelait plus de mon nom.» Ce thème a été repris par Gilles Vigneault dans un de ses monologues: «la plus grosse promesse d'élection...» D'ailleurs, certains hommes politiques ne font pas mystère de leur duplicité. Ainsi, au lendemain de l'élection qui porta l'Union nationale au pouvoir en 1936, René Chaloult qui reprochait à Maurice Duplessis son infidélité à ses engagements s'entendait répondre ce qui suit: «Voyons, René, tu n'es pas un enfant d'école, tu devrais savoir que les promesses d'élection c'est fait pour être violées.» (Cité par L. Groulx, *Mémoires*, Montréal, Fides, t. III p. 326-327 Ce scepticisme populaire est aussi partagé par des auteurs classiques comme Ostrogorski, qui soutient qu'on ne peut pas faire confiance aux partis politiques pour la réalisation de leur programme électoral:

The platform which is supposed to be the party's profession of faith and its programme of action is only a farce – the biggest farce of all the acts of this great parliaments of the party. The platform represents a long list of statements relating to politics in which everybody can find something considered as of any consequence by the authors of the document as well as by the whole convention... (*Democracy and the Organization of Political Parties*, Garden City, Doubleday Anchor, 1964, t. II, p. 138)

À l'autre extrême du continuum idéologique, Lénine, quant à lui, vilipendait la démocratie bourgeoise: «Dans les parlements, on ne fait que bavarder à la seule fin de duper le "bon peuple".» (*L'État et la révolution, Œuvres complètes*, t. 25, p. 458)

Les promesses électorales non tenues font donc partie de notre folklore politique et sont une des sources du cynisme, de la méfiance et du scepticisme qui caractérisent la relation entre l'électeur et son représentant. Certaines études révèlent que cette perception négative du député tend même à s'accroître. Ainsi, selon Kornberg et Clarke, les citoyens seraient de plus en plus insatisfaits de leurs représentants. (Voir *Parliament, Policy and Representation*, Toronto, Methuen, 1980, p. 17)

Les politiciens méritent-ils notre confiance? Peut-on se fier à leurs discours pour faire un choix rationnel? Réalisent-ils leurs promesses électorales? Comment faire la part des choses? Comment le citoyen peut-il évaluer et contrôler ceux qui le représentent? Ces questions sont vitales pour la démocratie de représentation, car la légitimité de ce mode de gouvernement repose sur la fiabilité du discours électoral qui motive en partie le choix de l'électeur. La légitimité des institutions démocratiques dépend précisément du rapport de confiance qui doit exister entre le peuple et ses représentants.

Dans cet essai, nous aborderons une dimension particulière du discours politique, c'est-à-dire le discours électoral. C'est la partie la plus visible du processus politique et pourtant, au Québec et au Canada, cet objet d'analyse a donné lieu à peu d'études systématiques. Cet objet de recherche est primordial, d'une part parce que les citoyens effectuent leurs choix politiques en bonne partie sur la base des discours électoraux et d'autre part parce que la mise en marché systématique des politiques est devenue un rouage important du jeu politique. En effet, depuis la Deuxième Guerre mondiale, s'est développée toute une technologie de persuasion politique qui est utilisée par tous les grands partis politiques, même par les partis à vocation plus idéologique. Ce nouveau phénomène doit être intégré à l'analyse de la vie politique, car il influence non seulement le comportement des électeurs, mais il modifie aussi sensiblement le fonctionnement des partis politiques. En effet, de nouveaux acteurs – les conseillers en marketing – s'interposent entre les militants de base et la direction des partis, ce qui a souvent pour conséquence de dissocier la volonté et l'idéologie des militants de la stratégie et des discours des dirigeants des partis. Les exigences de la stratégie électorale n'ont-elles pas souvent préséance sur les choix des membres d'un parti?

Cette nouvelle perspective ouvre donc des pistes de réflexion intéressantes sur la démocratie à l'intérieur des partis. Ainsi, aux élections de 1970, le Parti libéral du Québec dirigé par Robert Bourassa axa toute sa stratégie de communication sur la création de 100 000 emplois plutôt que sur le programme du parti élaboré et adopté par les militants. (Voir Jacques Benjamin, *Comment on fabrique un Premier ministre*, Montréal, Éditions de l'Aurore, 1979) Cet écart a aussi été flagrant lors de l'élection québécoise de 1973 où en pleine campagne électorale, les dirigeants du Parti québécois, à la suggestion des conseillers en communication, introduisirent l'idée d'un référendum qui n'était pas au programme du parti. Ce phénomène s'est reproduit lors du référendum de 1980 dans la formulation de la question référendaire où, après avoir sondé l'opinion, on décida d'introduire un deuxième référendum.

À un niveau plus général, cette problématique permet de questionner la logique des choix collectifs. En effet, le jugement et le choix des citoyens s'effectuent à partir d'images et de promesses, mais, une fois élu, le parti au pouvoir, comme nous l'avons indiqué précédemment, ne respecte pas nécessairement ses engagements. Les citoyens peuvent évidemment à l'élection suivante voter contre le parti qui a trahi leur confiance, mais ont-ils les moyens de faire cette évaluation critique? L'effet de persuasion ne joue pas seulement durant les campagnes électorales, il se fait aussi sentir entre les campagnes. De nos jours, la persuasion est un processus continu dans la mesure où le parti au pouvoir utilise les ressources publiques pour sonder l'opinion et développe ainsi des campagnes systématiques de publicité gouvernementale pour faire accepter ses politiques et promouvoir ses dirigeants. Les partis d'opposition n'étant pas dotés des mêmes moyens pour faire contrepoids, les citoyens ne sont-ils pas à la merci des fabricants d'images?

Nous nous proposons donc dans cette étude d'analyser la fiabilité des discours politiques. Nous chercherons dans un premier temps à expliquer la dynamique du discours électoral en analysant sur une base comparative les contenus des discours des partis lors de la campagne fédérale de 1984. Nous tenterons de répondre aux questions suivantes:

– jusqu'à quel point les électeurs peuvent-ils choisir entre des programmes politiques distincts?

– quel est le degré de mimétisme entre les candidats et les partis dans une campagne électorale?

– les prises de position des partis ont-elles tendance à être vagues ou spécifiques?

– quel est le degré d'ambiguïté du discours électoral? Dans le discours électoral, quelle est la place occupée par les propositions de politiques spécifiques, par les propositions de valeurs, de buts ou encore par les références aux caractéristiques des candidats? Quelles sont les caractéristiques personnelles mises en valeur par les candidats?

– y a-t-il un écart entre les discours électoraux et le programme du parti? Si oui, quels sont les champs législatifs où se manifestent les plus grands écarts?

Après avoir établi les caractéristiques des discours électoraux, nous examinerons leur degré de fiabilité en comparant les engagements électoraux du parti élu avec le bilan de ses actions législatives. Pour ce faire, nous partirons des messages reçus par l'électeur, messages émis et diffusés durant la période électorale. C'est à partir de ce que le citoyen reçoit comme informations qu'il faut évaluer la fiabilité du discours électoral. Le support de cette information est la presse écrite et électronique. Une étude, réalisée en 1974, révélait que deux tiers des électeurs au Canada entrent en contact avec les partis politiques par le biais de la documentation diffusée par les partis. (Voir Clarke et *alii.*, *op. cit.*, p.195; et Clarke et *alii.*, *Absent Mandate*, Toronto, Gage, 1984)

Il s'agira donc de répertorier les politiques proposées par les partis durant la campagne électorale, de les comparer entre elles et de comparer celles du parti élu avec les actions législatives réalisées durant le mandat suivant cette élection.

Nous tenterons de vérifier l'hypothèse selon laquelle les partis politiques ont intérêt à être fiables et d'établir en conséquence quel est le coefficient de fiabilité du Parti conservateur.

# Chapitre 1

# La représentation politique

Une définition simple de la démocratie pourrait tenir dans la formule suivante: le gouvernement du peuple, par le peuple et pour le peuple. Le peuple, par l'élection, délègue son pouvoir de décider et il attend de ses représentants qu'ils gouvernent conformément à ses intérêts.

Mais la démocratie est une pratique vivante et complexe qui évolue et se transforme selon les contextes. Pas étonnant, dès lors, qu'à un principe simple se greffent plusieurs interprétations et de grandes divergences théoriques. Même si on s'en tient à la forme la plus courante de démocratie qu'on retrouve dans les sociétés occidentales, soit la démocratie de représentation, on constate qu'il y a un large éventail d'études sur cette question où on ne s'entend pas sur le sens et la portée de ce concept. (Voir A.H. Birch, *Representation*, London, Macmillan, 1971)

Le concept de représentation prête à confusion parce qu'il souffre de polysémie, c'est-à-dire qu'il recouvre un large spectre de significations allant de l'idée de délégation et de mandat à celle de spectacle ou de mise en scène; ces diverses dimensions étant inextricablement liées dans le processus politique. Ce concept suppose aussi une relation

25

entre deux acteurs: le représenté et le représentant; ce rapport pouvant aller de la soumission jusqu'à l'autonomie du représentant par rapport au représenté.

Représenter signifie agir au nom et pour quelqu'un d'autre. La représentation suppose que celui qui est représenté, se retrouve ou se reconnaisse dans les paroles et les actes de celui à qui il a confié le mandat de le représenter. Le représentant devrait donc agir comme l'aurait fait celui qu'il représente. Cette conformité entre l'action du représentant et les désirs, attentes et intérêts du représenté ne pose pas de difficultés lorsque la relation de confiance n'engage que des individus ou de petits groupes, mais elle devient problématique lorsqu'elle implique une délégation d'autorité d'un grand nombre de citoyens qui ne sont pas organisés, qui n'ont pas nécessairement les mêmes intérêts, ni la même définition du bien commun.

Comment le représentant peut-il alors agir comme s'il était lui-même le groupe qu'il représente? Comment la représentation peut-elle satisfaire la diversité des intérêts et des points de vue? Certes, le représentant peut toujours se réclamer de la volonté de la majorité, mais celle-ci est mouvante, elle change selon les questions et les enjeux. De plus, le problème est amplifié dans les démocraties modernes où le système représentatif est soumis à l'emprise des partis politiques qui imposent des contraintes supplémentaires au représentant du peuple. Celui-ci n'est pas seulement lié aux volontés de ses électeurs mais encore doit-il accepter la discipline de parti et se conformer à son programme politique.

Dans les débats théoriques sur la démocratie de représentation, on trouve deux écoles de pensée qui se distinguent radicalement en proposant deux conceptions très différentes de la représentation. L'enjeu de ces discussions consiste à savoir s'il est préférable que la coïncidence entre la volonté des électeurs et les actions des représentants soit déterminée a priori de sorte que les décisions du représentant soient liées directement aux intérêts de ses électeurs, c'est la thèse du mandat impératif qui limite la marge de manœuvre de l'élu, ou plutôt si cette correspondance doit se vérifier a posteriori comme le soutiennent les partisans de la démocratie de confiance. (Cette distinction est empruntée à Stéphane Dion, «Libéralisme et démocratie», *Politique*, n° 9, p. 5-39.)

Cette conception de la démocratie de confiance s'est trouvé des promoteurs en France, en Grande Bretagne et aux États-Unis. Elle a sutout été développée par des auteurs classiques comme Montesquieu, Edmund Burke et Jefferson. Montesquieu par exemple reconnaît au peuple la capacité juridique de choisir ses représentants, mais il ne lui attribue pas la compétence de discuter de la chose publique et encore moins de faire la loi. «Le grand avantage des représentants, écrit-il, c'est qu'ils sont capables de discuter des affaires. Le peuple n'y est point du tout propre.» (*De l'esprit des lois*, XI, 6) L'élection doit avant tout servir à la sélection de l'élite qui sera apte à débattre des meilleurs moyens à prendre pour assurer le bonheur de la nation. Le bon peuple ne peut être qualifié pour définir ce qui est bon pour lui. Condorcet expliquera pour sa part dans ses «Remerciements aux électeurs de l'Aisne» que le peuple l'avait élu pour soutenir exclusivement ses opinions. «Ce n'était point à mon zèle seul, mais à mes lumières qu'il s'est confié, et l'indépendance absolue de mes opinions est un de mes devoirs envers lui.» (Cité par E. et R. Badinter, *Condorcet*, Paris, Fayard, 1988, p. 533) L'Américain Jefferson expliquera clairement que «les gens ordinaires ne sont pas qualifiés pour la conduite des affaires qui demandent une intelligence au-dessus de la moyenne.» (Lettre du 24 avril 1816, citée dans H. Mansfield, *The Spirit of Liberalism*, Cambridge University Press, 1978, p. 69) Edmund Burke dans son célèbre discours aux électeurs de Bristol expose ce que nous qualifions de conception élitiste ou aristocratique de la démocratie parlementaire.

> Parliament is not a congress of ambassadors from different and hostile interests, which interests each must maintain, as an agent and advocate, against other agents and advocates; but Parliament is a deliberative assembly of one nation with one interest, that of the whole — where no local prejudices ought to guide, but the general good,

resulting from the general reason of the whole. You choose a member, indeed, but when you have chosen him, he is not a member of Bristol; but he is a member of Parliament. (*Government, Politics and Society*, Glasgow, Fontana, 1975, p.158)

Burke estime que le représentant est élu en raison de ses qualités personnelles et surtout pour son bon jugement dans les affaires publiques. Pour cette raison, il doit avoir les coudées franches, il ne peut être asservi aux volontés et aux intérêts particuliers de son électorat, car son mandat consiste précisément à interpréter ce que doit être l'intérêt national. Son jugement et sa conscience priment donc sur l'opinion de ses commettants puisqu'ils l'ont choisi en vertu de ses compétences pour participer aux décisions collectives. Son rôle ne consiste pas à être un simple écho ou miroir de ses commettants. À cet argument élitiste des qualifications personnelles, Burke ajoute celui de l'intérêt national pour légitimer le libre arbitre du représentant. Il estime en effet que le député représente la nation dans son ensemble et non pas ceux qui l'ont élu. (Cet argument se retrouve aussi chez Sieyès qui expose dans son discours à la Constituante le 7 septembre 1789 la théorie de la souveraineté nationale selon laquelle la nation étant une et indivisible, chaque représentant est le représentant de la nation entière.)

Dès lors, l'élu ne peut être lié de façon impérative aux intérêts locaux de ceux qu'il représente. L'élu est d'abord député du parlement avant d'être le représentant de sa circonscription électorale. C'est la nation qui doit être représentée et non pas chaque circonscripton électorale ou encore chaque segment de l'électorat et c'est la relation de confiance qui fonde la délégation de pouvoir et non pas la conformité aux caractéristiques socio-économiques ou aux volontés des électeurs. Cette logique élitiste est en dernier ressort démocratique, car si l'électeur doit faire confiance à son représentant, il a malgré tout le dernier mot puisqu'à l'élection suivante, il pourra toujours confirmer ou désavouer les décisions de son représentant en le rééalisant ou en désignant une autre personne pour le représenter. La valeur et la conformité des choix législatifs doivent donc être jugées a posteriori, c'est-à-dire au moment où l'électeur aura eu le temps d'apprécier les effets des décisions.

À cette conception aristocratique de la démocratie s'oppose une vision qu'on qualifie de libérale parce qu'elle est fondée sur un individualisme radical. Cette tradition intellectuelle se retrouve surtout chez les utilitaristes anglais comme Jeremy Bentham et chez les fédéralistes américains (Alexander Hamilton, James Madison). Les tenants de la conception libérale de la représentation adoptent une définition subjective de l'intérêt et affirment le droit de chaque individu à être représenté parce que seul l'individu peut savoir ce qui est bon pour lui. Bentham écrit: «Il n'y a personne qui connaît mieux votre intérêt que vous-mêmes.» (Voir «A Plan of Parliamentary Reform» dans *Works*, Ed. par John Bowring, Edinburg, 1843, p. 447) Puisque ce principe est général et que le représentant obéit lui aussi à la règle de l'intérêt et que son intérêt personnel est d'être réélu, il sera nécessairement obligé de légiférer conformément à la volonté de la majorité de ses électeurs. Dans cette perspective, la démocratie de représentation est donc présentée comme un substitut de la démocratie directe. Idéalement, chaque individu devrait être son porte-parole, mais l'élection des représentants du peuple s'impose dans la mesure où les citoyens ne peuvent être physiquement réunis dans un même lieu pour délibérer sur les affaires publiques (Voir Hanna F. Pitkin, *The Concept of Representation*, Berkeley, University of California Press, 1967) et aussi parce que l'électeur ne peut s'occuper exclusivement des affaires publiques au détriment de sa vie privée et professionnelle.

L'électeur, étant un être libre et rationnel, accepte de déléguer son autorité à la condition que les décisions prises par son représentant soient conformes à ses intérêts, qu'elles ne l'engagent pas sans son consentement. La liberté d'action du député est limitée au mandat qui lui a été confié par ses électeurs. Il doit s'y conformer. Le député est alors un porte-parole, il exprime l'opinion de ses mandants. Au sens strict, la démocratie de conformité existe aux Nations Unies où chaque représentant à l'Assemblée générale doit consulter les autorités de son pays avant de se prononcer. Cette logique prévaut aussi dans le collège électoral américain qui désigne le Président des États-Unis.

Mais, il faut bien reconnaître que la démocratie de conformité pure dans les parlements modernes serait impraticable. En effet, il y a de nombreuses questions sur lesquelles les citoyens n'ont pas d'idées, de positions ou de désirs particuliers; le devoir du député est alors de juger de son mieux et d'agir pour le bien de ses commettants, ce qui est souvent le cas par exemple en matière de politique étrangère. De plus, tous les problèmes qui se posent à un État moderne ne peuvent être prévus au moment où s'effectue le choix des représentants de sorte que le député doit souvent décider sans pouvoir consulter ses électeurs ou sans avoir de mandat explicite pour agir. Cette difficulté est toutefois amoindrie de nos jours par l'usage systématique des sondages d'opinion. Comme on peut le constater, le problème de l'adéquation entre la décision du représentant et la volonté de ses électeurs ne peut trouver de solution parfaitement satisfaisante.

Dans la politique réelle, il y a peu de situations où on retrouve des formes pures de démocratie de conformité ou de démocratie de confiance. Nous retrouvons le plus souvent des systèmes hybrides qui concilient les avantages des deux modèles: identification des politiques à adopter, liberté de jugement de l'élu et évaluation périodique par le peuple des résultats de l'action gouvernementale. Quoi qu'il en soit, il devrait y avoir dans tout processus démocratique une relation directe ou indirecte entre la nature des projets de loi débattus et votés par le parlement et la volonté des électeurs.

## LES FONCTIONS DU PROCESSUS ÉLECTORAL

Le problème central de la théorie démocratique est donc celui de la représentation car le peuple, pour diverses raisons pratiques comme le nombre, la dispersion géographique ou le temps disponible, ne peut lui-même faire la loi. Il doit donc déléguer cette responsabilité à ses représentants. L'élection est le moyen de les choisir et de les contrôler puisqu'à période plus ou moins fixe, ils doivent rendre compte au peuple de leur administration.

L'élection a pour fonction d'effectuer la sélection du personnel politique, mais dans ce processus de représentation, l'électeur ne vote pas seulement pour des personnes, il vote aussi pour ce que représente les candidats eux-mêmes. En effet, on peut penser que s'il ne s'agissait que de choisir des personnes, l'élection pourrait se faire au hasard par un système de loterie ou encore par un concours de compétence gestionnaire. On pourrait ainsi faire l'économie des campagnes électorales d'autant plus que selon la théorie des choix collectifs la principale raison motivant le choix électoral des citoyens n'est pas l'influence personnelle des candidats. (Voir A. Downs, *An Economic Theory of Democracy*, New York, Harper & Row, 1957)

Dans une enquête effectuée en 1968, Robert Cunningham a découvert qu'aux élections fédérales, il y avait seulement 10 % des répondants qui fondaient leur choix sur les qualités personnelles des candidats. (Voir «The Impact of the Local Candidate in Canadian Federal Election», *Revue canadienne de science politique*, 1971, p. 287-290) Selon W.R. Irvine, le candidat n'est le principal facteur de choix que pour 7 % de l'électorat. («Does the Candidate Make a Difference», *Revue canadienne de science politique*, 1982, p. 760) On sait par ailleurs que les facteurs les plus déterminants sont les performances des leaders et les positions des partis sur les questions de l'heure et qu'en général les électeurs ont tendance à suivre les vagues. (Voir Clarke et *alii.*, *The Absent Mandate*, Toronto, Gage, 1984, p. 108) Cette affirmation a été confirmée au Québec par un sondage publié dans *La Presse* le 11 avril 1981 qui révélait que 41 % des électeurs se disaient davantage influencés par les partis et les programmes qu'ils ne le sont par les candidats locaux ou par les chefs. Ces données confirment aussi la célèbre thèse de V.O. Key qui soutient que le choix électoral dépend des prises de position et des engagements du candidat ainsi que de la probabilité qu'il les réalise une fois élu. L'électeur serait donc rationnel. (Voir *The Responsible Electorate: Rationality in Presidential Voting*, Cambridge, 1966, p. xiv)

La fonction du vote n'est pas seulement de désigner les dirigeants, elle consiste aussi à déterminer les orientations des politiques publiques. L'électeur veut bien donner sa confiance à des représentants, mais en retour, il veut savoir à quoi s'en tenir sur l'avenir, il veut être en mesure de prévoir avec un coefficient de fiabilité raisonnable les actions de ceux qui seront élus. Il n'aime pas signer un chèque en blanc. La sagesse démocratique implique que les personnes qui sont élues ne sont pas seulement appelées à gouverner, mais qu'elles sont aussi appelées à réaliser un mandat. L'électeur a besoin d'un système de référence pour évaluer la performance de ses représentants. Il consent à déléguer son pouvoir de décider aux personnes en qui il a confiance, mais cette confiance ne doit pas être aveugle, elle repose sur la capacité de réaliser un certain nombre d'engagements. Ainsi, lorsqu'il sollicite un mandat, le candidat expose ses intentions, ce qu'il se propose de réaliser, ce pour quoi il veut être élu de sorte que l'électeur peut choisir entre des options plus ou moins différenciées.

Ainsi, à l'intérieur même du processus électif, il doit y avoir un certain niveau de concordance entre la volonté des électeurs et les orientations futures des décisions législatives. À l'occasion de la campagne électorale, les divers aspirants à la représentation politique présentent leurs visions de la gouverne ou leurs intentions législatives. En prenant des engagements, en annonçant à l'avance ce qu'il compte faire s'il est élu, le candidat permet au citoyen d'évaluer le degré de correspondance entre ses intérêts et les objectifs de ceux qui désirent le représenter. L'électeur peut ainsi voter pour le candidat dont les vues correspondent le mieux aux siennes. Il accorde sa confiance et délègue son pouvoir à un parti dont les intentions législatives répondent à ses attentes. On peut donc dire que l'élection est plus qu'un choix, c'est un contrat où s'échangent des politiques contre des votes.

Le concept de représentation ne désigne donc pas seulement le choix des représentants, il implique aussi que les décisions prises seront conformes à la volonté du mandant. Ce n'est pas seulement l'élection qui doit être démocratique, mais c'est aussi le gouvernement. Dès lors, une des fonctions des campagnes électorales est de déterminer l'orientation des décisions gouvernementales. En vertu de la logique démocratique, il doit donc y avoir deux niveaux de représentation: le premier porte sur le choix des personnes et le second sur le choix des politiques. Ce sont les deux dimensions fondamentales du processus électoral.

## UNE QUESTION DE FIABILITÉ

Ce problème théorique a surtout été exploré par l'école du Public Choice qui estime qu'on peut mieux comprendre les comportements politiques si on les assimile aux comportements économiques. On postule qu'il n'y a aucune raison pour que les motifs de l'action de l'individu changent selon les circonstances. Ainsi, qu'on soit électeur ou consommateur, nos actions seront déterminées par la même logique de choix. Les motivations de l'action économique et de l'action politique seraient identiques: la recherche de l'intérêt personnel et la maximisation du gain. On pourrait donc par analogie appliquer aux relations entre les partis et les électeurs les principes qui gouvernent les comportements des acteurs dans les relations de marché. Ainsi, la logique du choix électoral serait fondée sur l'idée que se fait l'électeur de son intérêt et le comportement rationnel serait celui qui vise à atteindre le rendement optimum en investissant le minimum de ressources.

La théorie économique de la démocratie stipule que l'élaboration d'un programme politique par un parti n'est pas motivée par la recherche de la justice ou du bien commun, mais plutôt par la recherche du nombre maximum de votes pour prendre et conserver le pouvoir. En démocratie, les partis politiques se comportent comme des entreprises. Ils sont en compétition sur le marché des électeurs et vendent des politiques pour obtenir en échange des votes.

Dans ce cadre théorique, les élections servent à choisir les représentants qui proposent les politiques les plus désirées par le public. B. Page décrit ainsi cette logique: «the economic theory of democracy calls for a candidate's policy stands to echoe the policy preferences of the public... predict that the midpoint of public opinion on issues has an important influence upon stands that a candidate takes». (*Choices and Echoes in Presidential Elections*, Chicago, University of Chicago Press, 1978, p. 29) Normalement, les partis ajustent leurs discours aux demandes de la volonté majoritaire afin de gagner le plus de votes possible. Pour les économistes, la main cachée de la concurrence produit donc des résultats socialement optima et favorise le mimétisme idéologique des partis dominants qui convergent vers le centre de l'opinion publique lorsque les électeurs se répartissent selon une courbe normale sur le continuum des idéologies.

Ces hypothèses ne sont que partiellement fondées, car la réalité est plus complexe. On constate, d'une part, que sur certaines questions d'ordre moral les candidats peuvent diverger considérablement du point median de l'opinion publique, comme sur la question de la peine de mort, et, d'autre part, que les différences entre l'opinion publique et les politiques des partis peuvent s'expliquer par les préférences spécifiques des militants des partis politiques qui constituent aussi une clientèle que les partis doivent satisfaire.

La stratégie idéale pour un parti consisterait évidemment à dire à chaque électeur ce qu'il veut entendre, quand il veut l'entendre. Il serait alors certain de maximiser son vote. Mais ne pouvant s'adresser à chaque individu, le parti cherchera plutôt à diviser ses électeurs potentiels en segments plus ou moins différenciés et à moduler son discours selon les attentes de chacune de ces audiences. Dans quelle mesure alors, pour maximiser son vote, un parti peut-il changer de position, osciller selon ses clientèles? Comment concilier cette exigence tout en inspirant la confiance et en faisant preuve de consistance et de continuité dans ses prises de position? Voilà un des dilemmes de l'homme politique en démocratie de représentation.

Pour maintenir sa crédibilité, un parti doit non seulement adapter son discours à la conjoncture qui est par définition changeante, mais il est aussi obligé de répondre à la dynamique même des idéologies partisanes qui ne sont jamais statiques. Chaque parti définissant son discours en fonction de l'idéologie des partis concurrents, il y a nécessairement des changements de position dans le temps. L'incertitude quant aux préférences de l'électorat explique aussi les flottements, ambiguïtés et variations du discours politique. Les partis ne savent pas exactement qu'elle est la distribution des préférences des électeurs. Afin de préciser leurs perceptions, ils procèdent souvent par essais et erreurs. Ils testent différentes positions, analysent la réponse de l'électorat et réorientent si nécessaire leur tir si la cible n'a pas été atteinte. Les contraintes imposées par l'incertitude peuvent expliquer l'ambivalence et les valses hésitations des partis surtout en période pré-électorale. Enfin, les variations de position peuvent s'expliquer par les attentes contradictoires ou différentes entre les militants et les électeurs d'un parti. Il peut arriver que pour satisfaire et mobiliser ses militants un parti adopte un discours radical qu'il devra par la suite nuancer ou modérer pour répondre aux attentes d'une clientèle plus large. Les militants seront certes dépités et désorientés mais, règle générale, ils se résignent comprenant que ces virages, ces changements de cap répondent à des exigences stratégiques. Cette contradiction est habituellement régulée par la distinction que les partis font entre le programme et les engagements électoraux. Mais, au-delà de ces oscillations commandées par les circonstances, les théoriciens s'entendent pour dire que les partis ont intérêt à être consistants, fiables sur leurs positions fondamentales.

Ce raisonnement économique sert non seulement à comprendre la stratégie des partis mais aussi la logique du choix de l'électeur. Downs soutient qu'en situation idéale, c'est-à-dire si l'information était gratuite ou parfaitement distribuée, l'électeur rationnel devrait fonder son choix sur le bilan de l'action gouvernementale. Il ne devrait pas se fier aux discours ou aux promesses des hommes politiques en période électorale. Ainsi, la décision que l'électeur prend en votant devrait s'appuyer sur une comparaison entre les avantages qu'il a reçus grâce aux politiques du parti au pouvoir et les bénéfices qu'il aurait reçus de chaque parti d'opposition si ceux-ci avaient été au pouvoir.

Malheureusement, cette logique de choix ne peut correspondre tout à fait à la réalité, car l'information des acteurs et des électeurs n'est jamais parfaite. Les partis ne savent pas exactement ce que les citoyens désirent et les électeurs ne peuvent pas évaluer avec précision les positions des différents partis car les coûts en temps et en argent d'une telle opération seraient prohibitifs. Il n'est donc pas rationnel pour l'électeur de connaître et de comparer systématiquement les bilans législatifs du parti au pouvoir et des partis d'opposition pour identifier le parti qui lui procurera le plus d'avantages. Le choix électoral est une décision qui se caractérise par l'incertitude du résultat.

L'électeur ne peut pas non plus établir avec certitude quelles sont les causes de sa situation matérielle et de ses frustrations. Sa privation relative s'explique-t-elle par les décisions du gouvernement, par les tendances de l'économie ou par la situation internationale? De plus, l'électeur n'est pas en mesure d'évaluer les conséquences des décisions gouvernementales; il ne connaît d'ailleurs pas toutes les décisions prises par le gouvernement, et encore moins les solutions proposées par les partis d'opposition.

Enfin, l'incertitude provient du fait que l'électeur ne peut non plus prévoir avec exactitude les comportements des autres électeurs. En matière d'opinion, l'aléatoire est roi. Comment, dès lors, l'ignorance peut-elle être rationnelle? Comment dans un univers incertain et complexe, les électeurs peuvent-ils ranger par ordre de préférence les possibilités qui s'offrent à eux sur le marché politique, réduire le coût de la participation politique et obtenir le rendement optimal?

La réponse à ce dilemme est contenue dans la logique du marché où toute demande fait apparaître son offre. Ainsi, pour répondre au besoin de certitude des électeurs, les partis chercheront à démontrer qu'ils sont fiables et responsables. Ils ont intérêt à le faire. Jacques Attali définit ainsi la fiabilité des partis politiques:

Un parti est fiable si les affirmations qu'il a faites pendant la période t peuvent servir à prédire son comportement pour la période t+1... un parti pour lequel on peut prévoir une relation stable entre les promesses et l'action est fiable. (*Analyse économique de la vie politique*, Paris, Presses Universitaires de France, 1972, p. 159)

C'est la concurrence qui force les partis à être fiables, car en vertu de la logique du choix rationnel, les électeurs ne voteront pas pour un parti en qui ils ne peuvent avoir confiance. L'électeur a deux objectifs: réduire l'incertitude et réduire le coût d'un choix rationnel. Puisqu'il ne peut connaître et comparer toutes les positions et politiques adoptées par les partis durant le dernier mandat, il doit s'en remettre aux discours qui véhiculent les positions de chaque parti durant les campagnes électorales. La fiabilité est donc nécessaire pour un parti qui veut gagner les élections parce qu'elle est une condition indispensable du comportement rationnel de l'électeur. «The absence of reliability means that voters cannot predict the behavior of parties from what the parties say they will do.» (A. Downs, *op. cit.*, p. 105) Par conséquent, il devrait y avoir une forte corrélation entre le discours du parti et ses actions subséquentes.

Selon Downs, l'éthique politique découle de la rationalité économique, car le coût de la communication est moindre dans une société qui valorise l'honnêteté que dans une société fondée sur le mensonge. Les électeurs préfèrent donc les partis qui sont fiables à ceux qui ne le sont pas, et les partis, parce qu'ils sont en concurrence sur le marché électoral, cherchent à satisfaire ce besoin:

Once a party is elected it must decide what politics to enact. Even if it is not honest, it will probably try to carry out the promises it made in its campaign...To win votes, all parties are forced by competition to be relatively honest and responsible in regard to both policies and ideologies. (A. Downs, *op. cit.*, p. 111 et 113)

Notre objectif sera donc de vérifier le bien-fondé de cette logique qui veut que les partis aient intérêt à être honnêtes, responsables et fiables.

# Chapitre 2

# Les fonctions du discours électoral

On peut dire en reprenant l'expression de D. Bell que le discours est le sang de la vie politique, qu'il ne peut y avoir de politique sans discours. (Voir *Power, Influence and Authority*, New York, Oxford University Press, 1975) Le politicien agit et séduit par la parole. Les rapports entre le citoyen et l'élu passent par le discours à tel point qu'on ne pourrait pas imaginer une campagne électorale silencieuse où les candidats resteraient muets. C'est par le discours que s'incarnent les acteurs politiques: ainsi, le Premier ministre ou le chef de l'opposition nous apparaissent toujours en situation de discours, en discussion à l'Assemblée nationale, en conférence de presse, en entrevue, à la tribune d'une réunion partisane ou d'une association volontaire.

On peut définir le discours politique comme une activité qui, par la manipulation des symboles, vise à former l'opinion, à orienter les attitudes et à rallier le consentement et le soutien des citoyens à une cause ou à un objectif politique spécifique. Le discours politique se distingue des autres registres de discours par sa fonction générale qui est la régulation des conflits. Il structure et reproduit des relations de pouvoir, d'influence et d'autorité dans une société. (Voir Dan

Nimmo, *Political Communication and Public Opinion in America* Santa Monica, Goodyear Publ., 1978, p. 82) Le concept de discours politique désigne sur le plan empirique l'ensemble des interventions des acteurs dans l'arène politique, aussi bien dans le processus électif que dans le processus législatif. Cela inclut les programmes électoraux, les allocutions, les entrevues, les communiqués de presse ainsi que la publicité électorale. Ces discours proposent une vision de la société, définissent des objectifs par lesquels le parti cherche à orienter le développement de la société et indiquent les moyens qu'il faut prendre pour atteindre ces fins (les politiques).

Pour les fins de cette recherche, nous utilisons une définition limitative du discours politique c'est-à-dire restreinte aux institutions spécialisées dans la représentation politique, ce qui n'épuise évidemment pas la variété des composantes qu'on peut regrouper sous cette catégorie conceptuelle. On pourrait en effet par souci d'exhaustivité considérer comme politiques les énoncés des organisations patronales, syndicales ou culturelles. Nous allons limiter notre objet de recherche aux discours prononcés dans le cadre d'une campagne électorale.

## LE RÔLE DES CAMPAGNES ÉLECTORALES

Les analystes politiques ne s'entendent pas sur le rôle que jouent les campagnes électorales. B. Berelson et P. Lazarsfeld, dans *The People's Choice* et dans *Voting* qui sont devenus des classiques sur le sujet, soutiennent que les comportements électoraux sont stables et que les campagnes électorales changent rarement le choix des électeurs, ce qui tend à marginaliser l'impact des discours électoraux:

the time of final decision, that point after which the voter does not change his intention occured *prior* to the campaign for most voters – and thus "no real decision" was made in the campaign in the sense of waiting to consider alternatives. (*Voting*, Chicago, The University of Chicago Press, 1954, p. 18)

À leur avis, les campagnes électorales ne sont pas pour autant inutiles. Elles servent à éveiller l'intérêt des citoyens au débat politique et à renforcer les convictions et les allégeances partisanes déjà acquises. Toutefois, leur effet de conversion est limité; elles ne réussissent pas à modifier les préférences partisanes de ceux qui ont déjà une allégeance politique d'une part parce qu'un grand nombre d'électeurs ont déjà fait leur choix avant le début de la campagne électorale, et d'autre part parce que les électeurs ont tendance à être sélectifs et à ne s'exposer qu'aux discours qui renforcent leurs opinions. Ils sont peu ouverts ou réceptifs aux arguments des partis adverses. En fait, ceux qui s'intéressent le plus aux élections et qui seraient les plus susceptibles d'être atteints par la propagande des autres partis sont ceux-là mêmes qui ont les plus fortes convictions partisanes et qui dès lors seront peu influencés par les discours des autres. Le discours politique ne persuade pas l'électeur, mais il lui permet d'identifier la bonne façon de penser et de voter en activant des prédispositions et des conditionnements qui sont latents chez lui. Dans les années 70, la validité du paradigme de Chicago fut remise en cause en raison des changements qui survinrent dans les comportements politiques.

Nie, Verba et Petrocik dans *The Changing American Voter*, (Cambridge, Harvard University Press, 1976) ont montré qu'il n'y avait plus de stabilité des identités partisanes. Ils ont constaté que, dans les années 60 et 70, le pourcentage d'électeurs qui refusaient de s'identifier à un parti était passé de 20 % à 40 %. Ils en concluent que l'électeur ne se comporte plus autant de façon atavique ou automatique et qu'il est plus sensible aux enjeux et aux positions des partis débattus durant les campagnes électorales. Au Canada, certains auteurs estiment qu'environ deux tiers des électeurs ont des attachements partisans flexibles et qu'ils modifient leur choix électoral selon l'image des chefs et la position adoptée par les partis sur les principaux enjeux. (Voir Clarke et *alii*, *The Absent Mandate*, chapitre 3)

Cette nouvelle attitude rend les comportements électoraux plus volatils puisqu'ils dépendent d'une multitude de positions adoptées par les partis. Selon Alt (*The Politics of Economic Decline*, Cambridge, Cambridge University Press, 1979), cette volatilité de l'électorat s'expliquerait par le contexte de crise économique qui a touché les démocraties occidentales, la dégradation de la situation économique des individus provoquant une polarisation extrême des électeurs et un déplacement des perspectives idéologiques de l'électorat. Ainsi, selon ces chercheurs, le discours électoral influence de façon significative le sens du vote surtout dans les conjonctures où l'identification partisane s'affaiblit. Certes, le discours d'un parti politique ne modifiera pas le choix de ceux qui ont déjà une forte identification partisane, mais il peut avoir un effet d'attraction ou de répulsion sur certaines catégories d'électeurs qu'on qualifie d'électeurs critiques. En ce sens, on a constaté que souvent la victoire ou la défaite des partis en compétition dépendait du soutien de cette clientèle flottante.

Ainsi, Janowitz et Marvick ont montré, dans «Competitive Pressure and Democratic Consent», (*Public Opinion Quarterly*, vol. 19, 1955-1956, p. 381-401), qu'il y avait une corrélation entre le choix que les électeurs font et les programmes respectifs des candidats. Ce point de vue est aussi partagé par V.O. Key qui soutient dans son ouvrage *Tne Responsible Electorate* qu'il y a une relation significative entre le changement d'allégeance partisane et les enjeux débattus durant la campagne électorale. D'autres études plus récentes en arrivent à la même conclusion. (Voir J.E. Jackson, «Issues, Party Choices and Presidential Votes», *American Journal of Political Science*, vol. 19, 1975, p. 161-175; et G.M. Pomper, *Voter's Choice*, New York, Harper and Row, 1975) En somme, les électeurs ne sont pas fous, ils ont tendance à soutenir les partis qui offrent des politiques avec lesquelles ils sont en accord. Les enjeux et les débats électoraux ont donc une importance dans le choix électoral. Il y a toutefois différents types d'enjeux et ceux-ci n'ont pas tous la même influence dans le choix du citoyen. Il y a des enjeux plus spécialisés ou plus techniques qui auront une portée plus limitée et une attention plus faible alors que d'autres seront considérés comme stratégiques et polariseront le débat.

Une campagne électorale peut donc contribuer à changer un courant d'opinion, la performance rhétorique faisant basculer un segment de l'électorat dans un camp plutôt que dans l'autre. À titre d'exemple, mentionnons l'élection présidentielle française de 1981 où 57 % des électeurs ont modifié leur vote au cours de la campagne. (Voir C. Ysmal, *Le comportement électoral des Français*, Paris, La Découverte, 1986, p. 107) Au Québec en 1981, le Parti québécois, quelques mois avant les élections, était donné perdant par les sondages. En effet, un sondage effectué entre le 18 et le 23 février accordait 49 % des intentions de vote au Parti libéral du Québec et seulement 32 % au Parti québécois. Mais deux sondages effectués durant la campagne électorale et publiés le 28 mars indiquaient un renversement de tendance, le premier celui de CROP accordant 41 % des intentions de vote au PQ et 32 % au PLQ, le second, celui de SORECOM donnant 44 % au PQ et 38 % au PLQ. La performance persuasive des leaders de ce parti avait réussi à inverser le courant majoritaire, ce qui lui conserva le pouvoir avec le soutien de 49 % des électeurs alors que la thèse de ce parti n'avait recueilli que 40 % des suffrages au référendum de mai 1980. (Voir A. Bernard, *Élections 81*, Montréal, HMH, 1981)

Le même scénario s'est reproduit aux élections fédérales de 1984 où on a assisté à un réalignement des allégeances partisanes au cours de la campagne électorale. Ainsi, avant le déclenchement des élections, le 10 juillet, le Parti libéral avait 3 points d'avance sur les conservateurs, mais un sondage effectué le 4 août, après le débat des chefs, révélait que les conservateurs menaient les libéraux par 9 points dans les intentions de vote.

Les politologues américains ont découvert que, lors des élections présidentielles, les électeurs ont de plus en plus tendance à attendre la campagne électorale pour faire leur choix. Ainsi, alors qu'en 1948 seulement 10 % de l'électorat se décidait durant la période électorale, cette proportion atteignait 38% en 1968. (Voir W.H.Flanigan, *Political Behavior of the American Electorate*, Boston, Allyn and Bacon, 1972, p. 109) Une étude plus récente révèle qu'en 1980, 35 % des électeurs ont admis avoir fait leur choix dans les deux dernières semaines de la campagne alors que les retardataires n'étaient que 12 % en 1960. (Voir *Public Opinion*, vol. 7, automne 1985, p. 27) André Blais, Jean Crête et Guy Lachapelle ont aussi noté cette volatilité de l'électorat: «Au Canada, 21 % des électeurs se seraient décidés durant la dernière semaine de la campagne lors des élections de 1979. Au Québec, en 1985, le sondage CROP-*La Presse* du 22 au 24 novembre indiquait que 31 % des électeurs décidés avaient pris leur décision au cours de la campagne.» («L'élection québécoise de 1985: un bilan des sondages», *Revue canadienne de science politique*, juin 1986, p. 336) Fred Fletcher estime pour sa part qu'en 1984, 50 % des électeurs ont fait leur choix durant la campagne électorale. (Voir «The Media and the 1984 Landslide» dans Howard Penniman, *Canada at the Poll*, Duke University Press, 1988, p. 161)

La politique moderne, surtout depuis l'irruption de la télévision dans les stratégies électorales, se caractériserait par le déclin des identifications partisanes et des loyautés ataviques et par la montée des électeurs indépendants. Une enquête menée par Kornberg, au Canada en 1979, a montré que l'attachement partisan était contingent plutôt qu'atavique et que les changements d'allégeance partisane résultaient souvent d'une insatisfaction envers les politiques et les performances des partis. Ainsi, 42 % des personnes interrogées déclaraient avoir abandonné leur identification partisane antérieure parce qu'elles avaient fait une évaluation négative de leur parti alors que 35 % reliaient ce changement à une attirance positive pour un autre parti. (Voir A. Kornberg, W. Mishler et H. Clarke, *Representative Democracy in the Canadian Provinces*, Scarborough, Prentice-Hall, 1982, p. 119-120)

Cette volatilité de l'électorat amplifie donc l'importance des campagnes électorales. Cette tendance serait renforcée, selon G. Pomper, par le fait que les électeurs percoivent une différenciation plus marquée des politiques proposées par les partis et s'intéressent plus activement aux questions débattues durant les élections. (Voir «From Confusion to Clarity: Issues and American Voters», *American Political Science Review*, 66 [juin 1972], p. 418) Le choix électoral, dans le contexte de la «New Politic» serait donc de plus en plus conditionné par les positions que prennent les partis sur des problèmes spécifiques et dépendrait de moins en moins des identifications partisanes. (Voir D.S. Ippolito, T.G. Walker et K.L. Kolson, *Public Opinion and Responsible Democracy*, Englewood Cliffs, Prentice-Hall, 1976, p. 222) Cette conclusion montre toute l'importance que revêtent les discours électoraux dans le choix des électeurs puisque ceux-ci sont de plus en plus nombreux à s'y référer pour prendre une décision.

## LE RÔLE DES DISCOURS ÉLECTORAUX

On attribue généralement deux fonctions aux discours électoraux: la fonction de mobilisation et la fonction d'agrégation. Ces deux fonctions sont la plupart du temps séparées dans le temps et ne visent pas les mêmes clientèles. À ces deux premières fonctions s'ajoutent la fonction de légitimation et la fonction d'information.

La fonction de mobilisation s'adresse principalement aux militants des partis, à ceux qui les soutiennent matériellement, physiquement ou moralement. En effet, un candidat ou un parti ne peut faire campagne sur le thème: «Aidez-moi à prendre le pouvoir parce que je suis le meilleur». Pris à la lettre, un tel argument ne rallierait pas beaucoup de soutiens. Pour stimuler l'action et l'engagement politique, l'homme politique doit proposer un programme, des objectifs, des idéaux, des raisons de dépenser temps et argent pour participer à une campagne électorale et faire élire un candidat ou un parti. La mobilisation ne peut donc se faire que par le discours dont la fonction est de donner un sens à la lutte électorale en définissant les valeurs et les politiques qu'on désire voir adopter.

Le discours électoral sert à battre le rappel des clientèles naturelles d'un parti. Il a pour fonction de renforcer les convictions des partisans qui sont soumis à un flux incessant de nouveaux événements et d'arguments contradictoires. Il rassure la clientèle et confirme l' intention de vote du partisan à qui on dit qu'il a raison d'être loyal et qu'il n'est pas le seul à penser de cette façon, qu'il y en a beaucoup d'autres qui sont d'accord avec lui. Le discours contribue ainsi à maintenir la stabilité des opinions politiques.

L'électorat est fractionné en plusieurs groupes de citoyens différenciés par l'âge, le sexe, le revenu, la religion, la langue, l'ethnie, etc. Ces différents facteurs configurent les allégeances, les intérêts, les clivages et les conflits. La prise du pouvoir exige qu'un parti puisse rallier une majorité d'électeurs qui ont des intérêts diversifiés et qui ne sont pas nécessairement très politisés. Le discours a donc une fonction de rassemblement qu'il accomplit en proposant une image de la société et des objectifs communs qui mobilisent le soutien du plus grand nombre possible d'électeurs.

Si un candidat veut obtenir le maximun de votes, il devra pour cela prendre des engagements, faire des promesses. On imagine mal un candidat se présenter sans programme ou encore faire campagne en proclamant que s'il est élu, il ne fera rien. Celui qui d'aventure le ferait ne serait pas pris au sérieux et se condamnerait à l'échec. L'électeur attend donc des candidats qui sollicitent son vote qu'ils leur offrent en échange des politiques avantageuses. La compétition électorale entre plusieurs candidats favorise à cet égard la surenchère, car pour gagner à ce marchandage, il faut offrir plus de la même chose ou offrir d'autres avantages comparables. C'est la règle du jeu politique. Ainsi, pour satisfaire des attentes diversifiées, les partis vont tenir un discours visant à rassembler le plus grand nombre d'électeurs sous leur bannière respective.

Certains observateurs ont constaté que le style et le contenu des discours électoraux évoluaient au cours d'une campagne électorale. Ainsi, en début de campagne, les discours visent à renforcer l'opinion des militants, des partisans et des bailleurs de fonds. Pour cette raison, le discours tend à être plus politisé, plus partisan car le locuteur cherche à mobiliser ses soutiens. Jean-Marie Cotteret a montré que le vocabulaire employé changeait au fur et à mesure que la campagne se développe de sorte que dans un deuxième temps, le discours se banalise ou se dépolitise. Le message devient plus neutre pour ne pas choquer. L'orateur cherche alors à se faire rassurant et rassembleur afin d'attirer le soutien des indécis ou des indifférents: «les mots vides de sens sont indispensables, le non-dit est plus important que ce qui est dit, et la manière de le dire compte tout autant.» (Voir *Giscard d'Estaing, Mitterrand, 54 774 mots pour convaincre*, Paris, PUF, 1976, p. 153) Si cette hypothèse est fondée, on peut donc supposer que le discours électoral en début de campagne aura tendance à se rapprocher de l'idéologie et du progamme du parti et que les thèmes seront plus spécifiques mais que plus la campagne progressera dans le temps, plus les discours deviendront vagues et ambigus et tendront à se rapprocher les uns des autres.

Il faut noter à cet égard une divergence de point de vue entre les études américaines et françaises. En effet, Benjamin Page soutient une thèse diamétralement opposée à celle de Cotteret. Il prétend que le discours de mobilisation qui s'adresse aux partisans déjà convaincus est vague et truffé de généralités et que les hommes politiques font leurs énoncés de politiques spécifiques principalement devant les auditoires nationaux à la télévision ou encore devant des publics très spécialisés. (Voir *Choices and Echoes in Presidential Elections*, Chicago, Chicago University Press, 1978, p. 110)

Cette apparente contradiction dans les études peut en partie s'expliquer par des facteurs comme les différences de mode de scrutin, le système américain majoritaire à un tour entraînant un bipartisme rigide qui incite les partis à être pragmatiques et le scrutin majoritaire à deux tours, un système multipartiste qui accentue les clivages idéologiques. La vie politique américaine étant aussi moins polarisée idéologiquement, les partis sont moins captifs de leurs propres militants ou d'une clientèle particulière de sorte que les discours devant les auditoires partisans seront moins accentués idéologiquement. Le marché électoral américain est sans commune mesure avec les dimensions des divers marchés nationaux européens. On pourrait presque dire qu'aux États-Unis, il n'y a pas d'auditoire national, les clientèles étant segmentées territorialement. Ainsi, lorsque les candidats à la présidence font un discours à Detroit, à Los Angeles ou à Miami, ils ont tendance à être plus spécifiques dans leurs déclarations pour répondre aux diverses attentes de ces électorats fragmentés.

Les discours électoraux peuvent également avoir une fonction de légitimation a posteriori. Ainsi, une fois arrivé au pouvoir, un parti peut justifier ses décisions en se réclamant de ses engagements électoraux qui l'ont investi d'un mandat. Le parti peut ainsi mieux faire accepter des décisions controversées. Il arrive en effet qu'au cours d'une campagne électorale de nombreuses déclarations soient faites mais qui n'ont pas toutes la même visibilité ou qui ne polarisent pas l'attention de l'électorat, qui ne sont pas, autrement dit, des enjeux de la campagne électorale. Ce sont des engagements discrets qui ne feront vraiment surface que lorsque l'élection sera gagnée. Ces énoncés de politique sont soit trop complexes pour être débattus durant une campagne électorale, ou encore trop liés à un groupe d'intérêt particulier pour rallier un soutien majoritaire. Néanmoins, ayant été évoqués, ils pourront par la suite légitimer une décision du parti au pouvoir. Ainsi, lors de la campagne québécoise de 1985, le thème de la privatisation des sociétés d'État n'avait pas été le principal cheval de bataille du Parti libéral; mais une fois élu, celui-ci amorça le processus de privatisation en se réclamant de son mandat électoral comme en témoigne l'extrait suivant du Rapport du comité sur la privatisation: «En somme, le mandat que le gouvernement a reçu de la population en décembre 1985 impose un virage très clair par rapport aux politiques économiques traditionnelles.» (Gouvernement du Québec, février 1986, p. 11) Ce procédé clandestin n'est pas des plus élégant, mais il fait partie du jeu démocratique.

Finalement, du point de vue de l'électeur, la fonction la

plus importante du discours électoral est de communiquer de l'information. La campagne électorale est en effet le moment privilégié de la communication des messages politiques. Même si l'électeur ne peut assumer les coûts de l'information politique entre les élections, ceux-ci étant trop considérables; il peut par contre, durant la période électorale, avoir accès à un coût raisonnable aux informations pertinentes sur la gouverne collective et faire un choix politique rationnel. Le citoyen peut donc utiliser les discours électoraux comme mode de prévision de l'action gouvernementale à la condition évidemment que ceux-ci soient fiables.

## LES COMPOSANTES DU DISCOURS ÉLECTORAL

Une campagne électorale est en quelque sorte une guerre entre deux ou plusieurs armées dont le but est de gagner des votes pour conquérir le pouvoir. Les armes de ce combat sont les discours électoraux. Comme dans toute stratégie militaire, il faut savoir doser les mouvements offensifs et les mouvements défensifs, choisir dans la panoplie les arguments les plus efficaces pour vaincre l'adversaire et savoir les utiliser au moment opportun.

Puisqu'il s'inscrit dans le cadre d'un régime de concurrence, le discours politique est fondamentalement polémique, c'est-à-dire qu'il affirme et qu'il dénonce. La compétition oblige les partis à faire valoir leurs propositions ou leurs projets politiques et à critiquer les positions des partis adverses.

Ainsi, tous les partis font appel dans leurs discours à des arguments critiques ou négatifs qui attaquent les partis adverses et à des arguments positifs qui justifient les positions antérieures prises par le parti ou les politiques proposées pour l'avenir. Dans ce combat, le discours du parti A vise à démontrer que sa politique est la meilleure possible dans les circonstances et que celle du parti B serait catastrophique pour le pays. Ce sont là deux composantes indispensables du débat électoral. L'analyse des discours électoraux doit donc évaluer la part relative accordée à la critique de l'autre et à la valorisation de soi. Dans quelle mesure, les partis consacrent-ils plus d'énergie à dénoncer leurs adversaires qu'à faire valoir leurs politiques? Les objections adressées aux autres occupent-elles plus de place que les propositions positives?

Dans cette évaluation du contenu positif et négatif du discours électoral, nous faisons l'hypothèse que tous les partis donnent plus d'importance à la dimension positive, c'est-à-dire qu'ils préfèrent parler en bien d'eux-mêmes que de parler en mal de leurs adversaires. Mais nous soutenons aussi que le parti au pouvoir aura tendance à tenir un discours plus positif puisqu'il a des réalisations à faire valoir alors que les partis d'opposition auront tendance à être plus critiques, car ils doivent non seulement proposer des solutions de rechange, mais aussi dire pourquoi celles adoptées par le gouvernement sont inadéquates.

Les buts et les valeurs sont aussi des composantes essentielles du discours politique. Les partis sont des machines à idéologies, c'est-à-dire qu'ils définissent l'image de la bonne société, qu'ils proposent des projets de société et qu'ils utilisent leur idéologie comme source de soutien dans la mesure où il est plus facile à l'électeur de se référer à un symbole, à une image globale qui synthétise l'esprit et les objectifs principaux d'un parti pour faire un choix conséquent plutôt que d'analyser de façon exhaustive les propositions de politiques spécifiques.

Quelle est l'importance relative réservée aux valeurs et aux buts et celle qui est accordée aux ressources et aux moyens nécessaires pour les atteindre? Le *Quoi* prédomine-t-il sur le *Comment*? Les partis ont-ils plus tendance à privilégier l'appel aux idées vagues ou l'offre de politiques concrètes?

Enfin, le discours électoral porte sur la campagne en cours, les chefs et les candidats étant appelés à commenter l'évolution des intentions de vote, le déroulement de la campagne, etc. Nous reviendrons sur ces éléments au chapitre 4.

# Chapitre 3

# La campagne électorale fédérale de 1984

L'élection de 1984 marque un point tournant dans la vie politique canadienne, d'une part parce qu'elle mettait aux prises deux partis qui avaient changé de chefs, qui prétendaient chacun à sa manière incarner le changement et le renouveau (situation qui ne s'était pas produite depuis 1949) et d'autre part parce qu'il s'agit d'une élection de réalignement qui amène le Parti conservateur au pouvoir après vingt ans de règne libéral (interrompu pour quelques mois en 1979)

En 1984, le changement d'allégeance de l'électorat fut le plus important depuis que les sondages existent au Canada, soit pour les 13 dernières élections fédérales. Détenant 49 % des intentions de vote et devançant les conservateurs par 10 points après la course à la chefferie, les libéraux ont terminé la campagne avec 28 % des votes. (Voir F. Fletcher, «The Media and the 1984 Landslide», dans H.L. Penniman, *Canada at the Poll, 1984*, Duke University Press, 1988, p. 161) Les conservateurs réussirent ainsi à faire élire 211 de leurs candidats. Pour la première fois dans l'histoire politique canadienne, un parti réussissait à remporter une majorité de sièges dans chacune des provinces et pouvait à juste titre prétendre incarner l'unité nationale.

Après de nombreuses années de divisions et de tiraillements, Joe Clark décidait de déclencher une course à la chefferie et lors du congrès tenu à cette fin en juin 1983, le Parti conservateur s'est pour la première fois de son histoire donné un leader québécois d'ascendance irlandaise, espérant de ce fait briser l'hégémonie libérale au Québec.

De son côté, le Parti libéral, après la démission de Pierre Trudeau le 29 février 1984, avait aussi connu une course au leadership où s'étaient affrontés John Turner et Jean Chrétien. Ce dernier n'avait pas accepté facilement sa défaite de sorte que le Parti libéral n'avait pas été en mesure de refaire son unité avant d'affronter l'électorat. Le nouveau chef libéral misant sur la nouvelle popularité de son parti déclencha des élections estivales quelques semaines après son entrée en fonction comme Premier ministre. Il pensait peut-être de cette façon marquer sa volonté de rupture avec le gouvernement Trudeau et pouvoir échapper à toutes les critiques adressées à son prédécesseur. Mais cette précipitation avait aussi des inconvénients, car il n'avait pu utiliser toute la visibilité de la fonction de Premier ministre pour imposer sa nouvelle image. Il eut aussi la faiblesse d'entériner une liste de nominations politiques douteuses imposées par l'ex-Premier ministre dont il devra porter l'odieux tout au long de la campagne électorale.

La conjoncture économique n'était pas favorable au gouvernement sortant. Les séquelles de la récession de 1982 se faisaient encore sentir. Le Canada connaissait un taux de chômage élevé à 11,3 %. Le déficit budgétaire avait atteint un sommet inégalé: 36 milliards de dollars. Les taux d'intérêt augmentaient et le dollar chutait à 0,75 $. À cette instabilité économique s'ajoutait un malaise politique créé par le rapatriement unilatéral de la Constitution et le refus du Québec de signer le Canada Bill. Un tel contexte ne pouvait que favoriser les partisans du changement, thème qui fut brillamment exploité par les conservateurs.

## LES PRÉPARATIFS ÉLECTORAUX

À l'exception du NPD, les deux grands partis canadiens n'ont modernisé leurs structures politiques que depuis trois décennies. Malgré ces réformes, ces deux partis ne correspondent pas tout à fait à ce que l'on définit comme des partis de masse, car ils sont peu actifs entre les élections et la participation de leurs membres aux structures est faible. Lorsqu'ils tiennent des congrès, les délégués s'intéressent peu aux débats idéologiques et se passionnent surtout pour les discussions de couloir et les courses à la chefferie. Les membres votent des résolutions, mais les directions de ces partis les utilisent à leur discrétion. Les programmes électoraux sont plutôt conçus par les états-majors des partis qui engagent pour ce faire des spécialistes de la communication politique. Ce sont eux qui identifient par sondages les principaux sujets de préoccupation de la population et les traduisent en politiques.

Les conservateurs étaient mieux préparés que les libéraux à affronter l'électorat. Même si depuis la défaite de février 1980, ce parti avait été déchiré par des luttes intestines féroces, Joe Clark avait réussi à construire une organisation nationale efficace. Il était à cet égard avantagé par la présence au pouvoir des conservateurs dans sept provinces. Le parti avait aussi eu suffisamment de temps depuis la course à la chefferie pour refaire son unité autour du nouveau chef, perfectionner sa machine électorale et mettre au point un programme électoral cohérent qui devait redonner une crédibilité au parti dans l'opinion publique. Cette révision des politiques du parti fut effectuée par des spécialistes sous la direction de Charles Macmillan, alors conseiller politique de M. Mulroney. Le programme électoral fut ensuite discuté et adopté par le caucus du parti réuni au Mont Sainte-Marie les 7 et 8 avril. Mulroney avait réussi à colmater les divergences et à tenir en laisse la droite de son parti qui voulait s'attaquer au bilinguisme et à l'universalité des programmes sociaux.

À l'inverse, le Parti libéral sous la gouverne de Pierre Trudeau avait été laissé à l'abandon, en particulier dans l'Ouest canadien. Le journaliste Charles Lynch a jugé très sévèrement les dernières années du régime Trudeau:

> Il s'occupa très peu des affaires internes, joua de plus en plus à l'homme d'État et de moins en moins au politicien alors que l'économie s'en allait à vau-l'eau. Au cours des dernières années du régime Trudeau, la machine du Parti libéral se rouilla à un tel point que, lorsque Turner essaya de la remettre en marche, elle tomba en morceaux. (*Les Héritiers*, Montréal, Libre Expression, 1984, p. 166)

Non seulement les finances du parti étaient-elles en piteux état, mais en plus les plaies de la lutte entre Turner et Chrétien n'étaient pas encore cicatrisées à la veille des élections. L'autorité du nouveau chef était trop récente pour qu'il puisse imposer sa propre vision de la politique libérale. Il n'avait pas eu le temps de réaliser le ressourcement intellectuel du parti et devait se contenter des ébauches de projets qu'avaient laissées l'ancienne équipe. Cette impréparation qui dégénéra en improvisation est bien attestée par le fait que les libéraux ne disposaient pas d'une plate-forme électorale officielle et que le comité du programme du PLC ne se réunira que trois jours avant le déclenchement des élections, soit le 7 juillet pour élaborer la thématique électorale.

## LE DÉROULEMENT DE LA CAMPAGNE

Poussé sans doute par le regain de popularité qu'avait connu le Parti libéral à la suite de la course à la chefferie, John Turner décida de battre le fer pendant qu'il était chaud. Lorsqu'il convoqua les électeurs aux urnes le 10 juillet, il ne pouvait pas imaginer que l'avance de son parti sur les conservateurs fondrait comme neige au soleil durant cette campagne estivale. On avait rarement vu en politique canadienne un parti et son chef connaître une dégringolade aussi rapide dans les intentions de vote. Au début de juillet, un sondage effectué par la maison Gallup révélait que 48 % des électeurs canadiens avaient l'intention d'appuyer les libéraux contre 39 % pour les conservateurs et 11 % pour le NPD. Un mois plus tard, le sondage réalisé par l'École de journalisme de Carleton accordait 51 % aux conservateurs, 32 % aux libéraux et 15 % au NPD.

L'électorat québécois traditionnellement inféodé au Parti libéral changeait lui aussi de cap pour prendre la vague conservatrice. Ainsi, alors qu'un sondage Southam révélait en juillet que les Québécois appuyaient le Parti libéral à 61 % et le Parti conservateur à seulement 28 %, en août le rapport de force était inversé, les conservateurs obtenant 49 % des intentions de vote contre 37 % en faveur des libéraux. Même, Yves Bélanger, maire de Schefferville, ville qui était dans le marasme depuis la décision de Mulroney de fermer l'usine de l'Iron Ore, annonça qu'il appuierait les conservateurs. Deux facteurs expliquent ce virage politique spectaculaire de l'électorat: les comportements erratiques du chef libéral et la bonne performance du chef conservateur lors des deux débats télévisés entre les chefs. Mulroney fut aussi aidé dans sa montée au pouvoir par l'appui de la «Big Blue Machine» du Parti conservateur ontarien, par le soutien inattendu du Parti québécois et même par la complicité discrète des libéraux de Robert Bourassa. Il pouvait à juste titre s'enorgueillir d'avoir suscité une nouvelle alliance. Enfin, un dernier facteur explique en partie l'engouement du public à son endroit: la milamanie. Pour la deuxième fois dans l'histoire politique canadienne, la femme d'un chef politique était appelée à jouer un rôle médiatique de premier plan, les stratèges du Parti libéral ayant fait jouer un rôle similaire à Margaret Trudeau en 1974. Le charme et la coquetterie de Mila Mulroney furent mobilisés par les stratèges du parti pour donner un certain chic à l'image du p'tit gars de Baie-Comeau. Comment un électorat désabusé par une campagne estivale pouvait-il résister à l'effet de séduction de ce jeune couple si sympathique? Geills Turner, pour sa part, n'était pas suffisamment télégénique pour soulever l'enthousiasme populaire.

À en juger par les commentaires journalistiques, l'attention de l'électorat canadien était difficilement mobilisable en cette période estivale. Un sondage Gallup réalisé à la fin juillet révélait une certaine indifférence des Canadiens à l'endroit de la campagne: 29 % disaient être très intéressés, 41 % modérément intéressés et 30 % peu intéressés. Un sondage semblable réalisé à l'élection précédente de février 1980 donnait des résultats différents: 42 % des électeurs étaient très intéressés, 35 % modérément intéressés, et 23 % peu intéressés. Ce contexte estival explique sans doute le style simplificateur et décontracté des discours et de la campagne des chefs.

John Turner accumula un nombre impressionnant de gaffes. Il glissa tout d'abord sur la pelure du favoritisme lorsqu'il essaya de justifier 19 nominations politiques en disant qu'il n'avait pas eu le choix et qu'il avait été forcé de les faire par l'ex-Premier ministre Trudeau, ce qui pouvait être interprété par ses adversaires comme une faiblesse de caractère. Il y eut ensuite l'affaire de la politique tactile. Turner fut ridiculisé à travers tous les médias du pays pour avoir donné une tape amicale sur le postérieur de la présidente du parti, I. Campagnolo, et pour son obstination à ne pas s'excuser. Il commit une troisième erreur lors du débat en anglais, le 25 juillet, lorsqu'il affirma que «l'une des raisons pour laquelle le Manitoba avait un faible taux de chômage était que cette province exportait 2 000 personnes par mois dans les autres provinces». Cet argument était non seulement malhabile mais faux et, le lendemain, le Premier ministre Pawley s'empressa de corriger le Premier ministre du Canada. Le 28 juillet, il fit une autre déclaration étonnante pour un Premier ministre. Il affirma que si Mulroney prenait le pouvoir, il mettrait 600 000 fonctionnaires à la porte. Malheureusement pour lui, il n'y avait que 450 000 personnes au service de l'État. Comment prétendre de façon crédible diriger un pays avec une si mauvaise connaissance des dossiers? Enfin il refusa de reconnaître la légitimité du gouvernement du Québec pour négocier le changement constitutionnel, posant ainsi en adversaire de la réconciliation nationale, cheval de bataille qu'enfourchera allègrement le chef conservateur. Tout marchait de travers pour les libéraux qui durent même changer de stratège en plein milieu de la campagne. Turner congédia Bill Lee et rappela le «faiseur de pluie» Keith Davey, l'organisateur de Trudeau et le plus célèbre des «back room boys». Cette décision contredisait l'image de renouveau que voulait projeter Turner. Certains chroniqueurs politiques prétendirent avec sarcasme que le chef libéral était le meilleur allié de M. Mulroney.

La campagne du chef conservateur se déroula «comme un rêve». Il sut éviter les questions épineuses comme le bilinguisme en Ontario ou encore la politique énergétique où les intérêts de l'Ontario et de l'Alberta étaient contradictoires. Pour éviter les dissonances, les stratèges du Parti conservateur avaient centralisé l'organisation de la campagne. Chaque organisation de comté était pourvue d'un terminal d'ordinateur qui transmettait à la base les consignes, les discours du chef et les engagements du parti. Seuls Mulroney, Clark et Crosbie faisaient une campagne nationale, les autres têtes d'affiche du parti étant confinées dans leur région respective. (Voir *Le Devoir*, 21 juillet 1984)

## LES DÉBATS TÉLÉVISÉS

Contrairement à l'élection de 1979 où le débat télévisé n'avait pas eu d'influence significative sur la préférence des électeurs, plusieurs analystes pensent que ceux de 1984 ont été déterminants dans le choix des électeurs. Pour la première fois dans l'histoire canadienne, il y eut deux débats organisés: un pour chacune des deux langues officielles. Autre première, les chefs de parti acceptèrent de participer à un débat organisé par un groupe de pression, le National Action Commitee, destiné à une seule clientèle et portant sur un seul enjeu: les femmes. On estime que plus des deux tiers des Canadiens ont assisté à au moins un de ces trois débats et que parmi ceux qui ont vu un de ces débats 78 % ont jugé que Brian Mulroney avait réussi la meilleure performance. (Voir Fred Fletcher, dans *Canada at the Poll, 1984*, p. 181) Les deux débats diffusés par les réseaux nationaux eurent lieu au tout début de la campagne, le 24 juillet en français et le 25 en anglais, ce qui expliquerait leur influence sur le vote.

Mulroney profita surtout des deux débats télévisés en français et en anglais pour s'imposer comme chef charismatique surtout lorsqu'il reprocha à Turner d'avoir manqué de leadership dans les nominations politiques. Dans le débat en français, il était nettement avantagé par sa plus grande maîtrise de la langue française alors que John Turner était visiblement mal à l'aise, figé et insensible aux revendications du Québec. Ce dernier, dans le débat en anglais commit l'erreur de mettre lui-même sur le tapis la question du favoritisme et d'attaquer le chef conservateur sur cette question alors que c'étaient ses propres décisions qui étaient en cause. Cette incongruité provoqua la contre-attaque foudroyante du chef conservateur. Mulroney détruisit en quelques secondes l'image de compétence que voulait projeter le chef libéral qui avait déclaré ingénument qu'il n'avait pas eu le choix.

Le sondage effectué immédiatement après le débat en français par Crop montra que Mulroney était considéré comme le vainqueur par les Montréalais. Les intentions de vote en faveur des conservateurs à Montréal passèrent de 15 à 26 %. À Toronto, l'impact du débat sur les intentions de vote fut encore plus impressionnant. Parmi les Torontois, 47 % estimèrent que M. Mulroney avait livré la meilleure performance. Le vote libéral dégringola de 46 % à 25 % alors que celui du NPD passa de 10 % à 18 %. Ces deux débats marquèrent le point tournant de la campagne puisque tous les sondages subséquents confirmèrent l'écart grandissant entre les libéraux et les conservateurs et la marche inéluctable de ces derniers vers le pouvoir. Le troisième débat organisé par les femmes pour les femmes et sur les femmes, le 15 août, fut remporté par Ed Broadbent qui doubla la cote de son parti dans les sondages.

Voyant que la campagne conservatrice marchait sur des roulettes et que la sienne n'arrivait pas à décoller, Turner changea le ton et le style de ses discours au début d'août. Le chef libéral à l'instigation de son nouveau mentor, le sénateur Keith Davey, eut recours au discours négatif attaquant sans relâche le chef conservateur et mettant en doute son honnêteté. En se comportant comme un chef de l'opposition, il s'avouait vaincu et reconnaissait que Mulroney était le vrai prétendant au pouvoir. Turner fit ainsi des promesses conservatrices un des enjeux importants de sa propre campagne.

## LE DÉBAT SUR LES PROMESSES

Dès le début de la campagne, Turner s'était démarqué du chef conservateur en disant que l'élection ne devait pas porter sur des promesses, que faire des promesses n'était pas une attitude responsable, car la situation financière du gouvernement n'était pas favorable, le déficit étant trop élevé. Il préférait plutôt s'en tenir à quelques priorités et proposer des orientations et des buts généraux comme la réduction du chômage chez les jeunes. Cette position lui permettait d'accuser les conservateurs de vouloir augmenter le déficit et de confondre l'élection avec une vente aux enchères. Pour discréditer les conservateurs, il soutint en s'appuyant sur une déclaration de Crosbie que les promesses conservatrices coûteraient 20 milliards de dollars. Il espérait sans doute, de cette façon, piéger Mulroney en l'obligeant soit à désavouer son porte-parole, soit à admettre qu'il allait augmenter le déficit, ce qui était contraire au programme des conservateurs.

Le chef conservateur ouvrit lui aussi sa campagne sur le thème de la relance économique. Il s'engagea à révéler le coût de ses promesses avant la fin de la campagne à la condition que Turner dise la vérité sur le déficit, renvoyant ainsi la balle dans le camp libéral.

Tout au long de la campagne, le chef libéral jouera sur la corde de l'indignation, de la franchise et de l'honnêteté, accusant les conservateurs de vouloir acheter des votes avec leurs promesses, d'être irréalistes et irresponsables:

> Il a les chiffres, mais il ne les montre qu'aux membres de son parti, pas aux Canadiens... Le chef de l'opposition distribue les promesses à tous vents, mais il ne veut pas dire combien elles vont coûter. Est-ce que la population du Canada va se laisser berner? Je pense que non, la population canadienne n'est pas dupe. (*Le Devoir*, 4 août)

Il s'engage quant à lui à chiffrer toutes ses promesses.

Mulroney réplique alors en reprochant à son tour à son adversaire libéral de ne pas avoir respecté ses promesses de 1980 sur le prix de l'essence, sur le taux de chômage, le déficit et les taux d'intérêt. Il explique ensuite qu'il ne peut pour l'instant chiffrer ses promesses, car il n'est pas au gouvernement et n'a pas accès à toutes les données: «M. Turner a les réponses dans ses valises, le temps est venu de les sortir, de jouer cartes sur table avec les Canadiens.» (*Le Devoir*, 10 août) Il renvoie la balle à son adversaire en le sommant de divulguer aux Canadiens l'ampleur du déficit. Il rappelle aussi que son parti ne s'est jamais engagé à remplir toutes ses promesses le lendemain de son élection. Lors du débat télévisé, il esquiva les attaques de Turner en s'engageant à révéler le coût de ses promesses le 28 août.

Turner n'entendait pas lâcher sa proie. Il revient à la charge en disant que le 28 août il sera trop tard pour que les Canadiens puissent vérifier les coûts et en débattre. C'est une tromperie supplémentaire des conservateurs:

> Les Canadiens doivent pouvoir avoir confiance que le gouvernement qu'ils éliront fera ce qu'il a promis. J'ai bien des défauts, bien des faiblesses et j'ai fait bien des choses que je préférerais oublier comme nous tous. Mais je crois que j'ai été honnête, je crois qu'on peut me faire confiance... Ce n'est pas le cas des conservateurs qui refusent de dire combien coûteront leurs promesses. (*Le Devoir*, 20 août)

Comme promis, le 28 août, devant le Canadian and Empire Club, à Toronto, Mulroney annonça que le coût de ses promesses s'élèverait à 3,8 milliards de dollars alors qu'il évaluait celles des libéraux à 4,5 milliards de dollars. Il reconnaît que toutes ses promesses ne sont pas chiffrées car, dit-il, la réalisation de certaines d'entre elles implique des consultations avec les provinces. Ainsi, il détournait habilement l'attention sur l'amélioration des relations fédérales-provinciales, domaine où la performance libérale était peu reluisante.

## LES ENJEUX DE LA CAMPAGNE

Si les campagnes électorales de 1974, 1979 et 1980 portaient toutes sur une question spécifique comme l'inflation en 1974, l'unité nationale et le chômage en 1979 et le prix du pétrole et la politique énergétique en 1980, celle de 1984 plaça en tête de l'agenda politique le thème du changement.

## LE CHANGEMENT OU LE RENOUVEAU

Après 21 ans de régime libéral, l'appel au changement était beaucoup plus crédible de la part des conservateurs que des libéraux. Turner essaya de se démarquer de l'héritage libéral en soulignant qu'il avait quitté la politique active en 1975 et en prenant ses distances vis-à-vis des principaux lieutenants de Trudeau. Il avait beau se présenter comme l'homme du renouveau appuyé par une nouvelle équipe, son argumentation sonnait faux par rapport à celle de son opposant conservateur. De plus, certaines de ses décisions contredisaient ses discours comme l'illustre le rappel de Keith Davey qui était le symbole même de l'ancien régime.

À l'inverse, les conservateurs axèrent toute leur campagne média sur ce thème. Tous leurs messages publicitaires ainsi que leur chanson thème concluaient par ce slogan: «Avec Brian Mulroney, ça va changer».

> Ça fait trop longtemps que ça dure et les gens en ont assez. Avec Brian Mulroney, enfin ça va changer. On va vous changer ça.
> C'est du nouveau qu'on vous amène, c'est du nouveau qu'on vous promet, c'est du nouveau comme les gens l'aiment. Avec nous ça va changer. Votons pour Mulroney.

Un sondage réalisé pour le compte de CBC révélait que Mulroney était le leader le plus identifié au changement.

32 % des répondants affirmaient que Mulroney représentait le mieux le changement de politique comparativement à 16 % qui attribuaient cette caractéristique à Turner. (Voir H. Penniman, *Canada at the Poll, 1984*, Duke University Press, 1988, p. 203)

## LA RELANCE ÉCONOMIQUE

Le sondage Gallup réalisé en juillet montrait que l'économie était la principale préoccupation des Canadiens. Dans une proportion de 62 %, ils estimaient que les politiques économiques du gouvernement fédéral n'étaient pas appropriées à la situation économique. Par ailleurs, 61 % des électeurs percevaient le chômage comme le problème numéro un au Canada, l'inflation arrivait au second rang avec 27 %. La relance économique et la création d'emplois allaient donc être l'axe principal des discours politiques. À cet égard, le Parti conservateur était légèrement avantagé. Un sondage effectué entre le 26 et le 28 juillet révélait en effet que le Parti conservateur était perçu comme le parti le plus en mesure de résoudre les problèmes du Canada:

| Problèmes | Parti libéral | Parti conservateur |
|---|---|---|
| Emploi | 24 % | 27 % |
| Inflation | 26 % | 29 % |
| Déficit budgétaire | 26 % | 30 % |
| Croissance | 26 % | 32 % |
| Énergie | 24 % | 30 % |
| Dollar can. | 25 % | 30 % |

Ainsi, le gouvernement sortant, en dépit d'un changement de chef, n'avait pas la faveur de l'électorat canadien qui jugeait plutôt négativement sa performance économique.

## LA RÉCONCILIATION NATIONALE

Les libéraux de Pierre Trudeau, pour des raisons différentes, s'étaient aliéné à la fois les nationalistes québécois et les régionalistes de l'Ouest qui se plaignaient de l'arrogance, de l'autoritarisme et du centralisme du gouvernement fédéral. Certes, Trudeau avait réussi à mater les forces souverainistes du Québec par sa victoire au référendum et le rapatriement unilatéral de la Constitution, mais le Canada restait toujours aussi divisé et soumis à des forces centrifuges: le Québec désirant plus de pouvoirs et l'Ouest n'acceptant pas la politique des langues officielles et le contrôle fédéral sur le développement énergétique. À ces contraintes structurelles s'était ajouté le style de leadership du Premier ministre qui était cassant, hautain et intransigeant dans ses rapports avec les provinces. Depuis l'ère Pearson, le Canada vivait à l'heure de la confrontation et des querelles fédérales-provinciales.

D'entrée de jeu, les conservateurs cherchèrent à se distinguer des libéraux en critiquant leur approche de la question constitutionnelle et des relations fédérales-provinciales. Ils pouvaient à cet égard se réclamer de l'ouverture d'esprit envers le Québec manifestée par leur ancien chef, Joe Clark, et opposer la conciliation à la confrontation, ce qui justifiait par ailleurs leur prétention au changement. Ce positionnement fut annoncé dans le discours que fit Brian Mulroney à l'occasion de son assemblée de mise en candidature dans le comté de Manicouagan où il déclara qu'il s'engageait à ramener le Québec dans la famille canadienne dans la dignité et l'honneur. Cet engagement fut jugé intéressant par le Premier ministre du Québec et valut aux conservateurs l'appui du Parti québécois qui préféra prendre «le beau risque du fédéralisme» plutôt que de soutenir une formation politique partageant ses objectifs, soit le Parti nationaliste, parti qui avait par ailleurs reçu l'appui officiel du congrès du Parti québécois dont il était une émanation. Tout au long de la campagne, les conservateurs prêchèrent la réconciliation nationale et donnèrent l'exemple en faisant même bon acceuil dans leurs rangs aux partisans du oui lors du référendum.

À l'inverse, John Turner ne pouvait se dissocier de l'héritage de son prédécesseur et devait maintenir une attitude intransigeante envers le gouvernement péquiste à

Québec refusant de reprendre les négociations constitutionnelles avec un gouvernement «qui ne croit pas au pays». Le
discours libéral était aussi empreint d'ambiguïté sur la question de la reconnaissance du droit de veto au Québec: Raymond Garneau le réclamant et Turner refusant de s'engager à
le redonner au Québec. Mais, le lieutenant québécois n'avait
pas le charisme suffisant pour garder les Québécois sous la
tente libérale tout en récusant leur nationalisme. Les conservateurs étaient devenus une alternative crédible pour les
Québécois qui pouvaient espérer voir un des leurs à la tête du
pays tout en ayant gain de cause sur le plan constitutionnel.

Le thème de la réconciliation nationale fut servi à
plusieurs sauces. En plus de la réconciliation constitutionnelle
visant à faire signer la Constitution par le Québec, les conservateurs promettaient aussi la réconciliation entre francophones et anglophones sans toutefois préciser leurs intentions
sur le plan linguistique. Et pour compléter le tableau de
l'harmonie, ils promettaient aussi de réconcilier les agents
économiques, Brian Mulroney faisant valoir ses talents de
médiateur et de négociateur pour ramener la confiance entre
les milieux d'affaires et le monde syndical. Cette campagne
électorale mettait donc en présence deux discours relativement contrastés.

# Chapitre 4

## Analyse des discours électoraux

Les formes du discours politique sont très variées allant de l'affiche électorale au discours télévisé. Il est donc pratiquement impossible de rassembler la totalité du discours électoral diffusé par un parti politique parce que les paroles s'envolent et que même lorsqu'elles laissent des traces matérielles, celles-ci sont trop diversifiées et trop nombreuses pour être répertoriées. Il n'y a donc aucune source systématique qui regroupe toutes les déclarations faites par les partis politiques durant une campagne électorale de sorte que même l'électeur le plus avisé doit faire son choix en se fiant à une information partielle. Les sources qu'il utilise le plus fréquemment sont la télévision et le journal et à l'occasion les programmes des partis. Pour des raisons d'efficacité et d'accessibilité nous analyserons dans les deux chapitres qui suivent les sources journalistiques et les messages publicitaires télévisés. Nous réservons l'analyse du programme du Parti conservateur pour un chapitre ultérieur afin de faciliter la présentation et la comparaison du programme et des réalisations gouvernementales.

Le journal est non seulement une source où nous pouvons trouver un bon échantillon des déclarations des politiciens, mais cette source répond aussi adéquatement à la problématique de notre recherche et aux exigences de rigueur méthodologique.

En effet, les grands quotidiens suivent de près le déroulement des campagnes électorales. Ils affectent un journaliste chevronné à la couverture de la campagne de chaque parti important. Ceux-ci suivent le plus souvent la campagne du chef et ils rapportent chaque jour les prises de positions officielles des partis. Se pose évidemment la question de la fiabilité et de la fidélité des reportages. Il pourrait y avoir une déformation dans la couverture de presse d'un journal, car les organes de presse ne sont pas à l'abri du biais partisan. Mais en règle générale, ce biais s'exprime surtout dans la page éditoriale du journal et beaucoup plus rarement dans la section information. Pour cette raison, nous avons exclu les éditoriaux, les articles d'opinion, les chroniques et les lettres aux journaux, ne retenant que les reportages journalistiques. Mais pour plus d'objectivité encore, nous avons éliminé tout ce qui relève de l'analyse journalistique comme les reportages factuels sur le déroulement de la campagne, les analyses des sondages ou des rapports de forces dans les régions et les comtés. Nous n'avons retenu que les déclarations proprement dites des candidats citées entre guillemets ainsi que les déclarations quasi-authentiques, c'est-à-dire toutes les phrases qui n'étaient pas entre guillemets mais qui commençaient par: il a déclaré que... il soutient que... il a proposé que... il promet que..., etc. Le risque de déformation ou d'erreur à ce niveau est minime, car une mauvaise interprétation serait immédiatement corrigée par les responsables des partis. Nous avons aussi exclu de notre corpus les propos des membres, des militants et des organisateurs pour ne retenir que le discours autorisé.

Après une recherche préliminaire visant à comparer le type d'informations diffusées par *La Presse* et *Le Devoir*, nous avons retenu ce dernier journal comme source documentaire parce que la couverture de la campagne effectuée par ce journal contenait plus de déclarations citées, ce qui représentait à nos yeux un matériel plus conforme aux exigences de notre recherche. *La Presse*, plus que *Le Devoir*, pratique un journalisme dit personnel où le commentaire du reporter qui résume les propositions du candidat ou donne son opinion sur la performance des leaders prend plus de place que le discours tenu par l'homme politique lui-même.

Pour être le plus exhaustif possible, nous avons aussi inclus dans notre corpus les entrevues avec les chefs ou les candidats ainsi que la publicité payée. Mais l'apport de ces sources est minime car les journaux se contentent, en règle générale, de publier une entrevue avec les chefs des principaux partis et les partis n'achètent presque aucune publicité dans les journaux préférant investir dans la publicité télévisuelle.

Pour les fins de cette recherche, nous avons aussi voulu analyser les programmes des partis politiques afin de comparer leur contenu avec le discours électoral proprement dit. Les programmes sont certes la source d'information la plus fiable quant aux intentions législatives des partis, mais ils sont peu accessibles aux citoyens. Il serait en effet trop coûteux pour les partis de distribuer leur programme à tous les citoyens et, de toute façon, il serait trop coûteux pour ces derniers de les lire et de les analyser. Les programmes servent principalement à alimenter les militants en arguments et à influencer les leaders d'opinion. Malheureusement, nous n'avons pas été en mesure de procéder à une analyse comparative des programmes, car le Parti libéral n'a pas produit de document synthétisant les engagements électoraux du parti, les discours du chef tenant lieu de programme pour l'élection de 1984. Nous reviendrons sur cette question au chapitre 6.

## LA COUVERTURE DE LA CAMPAGNE

Les journaux sont souvent décriés par les partis politiques surtout lorsque l'électorat ne répond pas positivement à leurs messages. Les journalistes servent alors de bouc émissaire à l'amertume des hommes politiques qui se sentent persécutés par une presse toujours à l'affût du faux pas. Aux élections fédérales de 1984, ce fut John Turner qui eut le plus à souffrir de l'image véhiculée par une presse qui fit ses choux gras de ses comportements erratiques. Même si, comme nous le verrons ci-dessous, les médias accordent sensiblement le même espace de couverture aux partis dominants, ils ne les traitent pas toutefois de la même façon. Selon Fred Fletcher, les éditorialistes et les journalistes de la presse francophone, tout comme ceux de la presse anglophone d'ailleurs, se sont montrés plus favorables à Brian Mulroney qu'à John Turner, ce qui représentait un changement d'attitude notable par rapport aux élections antérieures où les journaux francophones soutenaient le Parti libéral. (*Canada at the Polls 1984*, p. 176)

*Le Devoir* publia, du 10 juillet au 4 septembre, 68 articles relatifs aux discours des conservateurs, comparativement à 70 pour les libéraux. Nous excluons de ce décompte les articles commentant les sondages ou les reportages sur le déroulement de la campagne à l'échelle nationale ou locale, car ces articles donnent trop d'importance aux commentaires des journalistes eux-mêmes et s'intéresent plus à la mécanique de la campagne électorale qu'à la substance des déclarations des hommes politiques. «Several analysis found that only about one-quarter of the coverage of the campaign dealt with substantive policy issues.» (*Ibid.*, p. 179)

La compétence et la performance des chefs furent au centre de la couverture journalistique. Le chef libéral eut droit à 55 couvertures alors que son adversaire conservateur n'en obtenait que 48. La part réservée au chef comparativement à l'ensemble des intervenants est de 78 % pour le Parti libéral et de 70 % pour le Parti conservateur, les autres locuteurs les plus couverts étant Raymond Garneau, Lucie Pépin et Jean Chrétien chez les libéraux, et Joe Clark et Lawrence Hannigan chez les conservateurs. Ces chiffres confirment la tendance des journaux à entretenir le culte du chef au détriment des candidats locaux qui n'ont pratiquement pas voix au chapitre et qui interviennent le plus souvent sur des questions locales ou sur le déroulement de la campagne dans leur comté.

De nombreux observateurs et chroniqueurs politiques ont affirmé que la campagne fédérale de 1984 avait été vide de contenu, que les deux grands partis avaient beaucoup plus mené une bataille d'images que d'idées. On leur reprochait de ne pas offrir de grandes visions ou de proposer de véritables choix de société aux Canadiens. Cette perception était certes justifiée dans la mesure où effectivement il n'y avait pas, comme à l'ère Trudeau, d'enjeux dramatiques dans cette élection, mais elle n'était pas tout à fait conforme à la réalité.

Nous tenterons de relativiser ce point de vue par un relevé systématique des extraits de discours cités par *Le Devoir* durant la campagne. Cet échantillon de déclarations nous permettra aussi de comparer les discours des deux principaux partis. Avant de décrire les politiques proposées par chacun des partis, nous analyserons la structure du discours et son évolution durant la campagne. Dans le chapitre théorique sur les fonctions du discours électoral, nous avons identifié les principaux éléments qui composent le discours politique soit: les déclarations générales portant sur les valeurs ou les buts recherchés, les politiques spécifiques proposées, la présentation de soi (qualités personnelles et réalisations passées), les critiques de l'adversaire, les commentaires sur la campagne en cours. Ces diverses composantes ne se retrouvent pas nécessairement dans tous les discours des candidats qui peuvent moduler leur usage selon le lieu, l'audience ou le moment du discours. De plus, elles ne sont pas toujours rapportées dans leur intégralité par les journalistes. Pour cette raison, nous ne prétendons pas à l'exhaustivité. Nous considérons plutôt que notre analyse repose sur un échantillon. Mais dans la mesure où nous travaillons sur le même corpus afin de comparer les attitudes des deux partis, nous estimons que notre source donne une représentation fiable des différences dans la structure et l'évolution des discours des deux partis. Après cette présentation des résultats globaux de notre analyse de contenu, nous effectuerons une comparaison des politiques spécifiques sur la base d'une grille représentant les principales missions de l'État. Cette analyse nous permettra d'aborder la question de l'ambiguïté des discours politiques et d'examiner la fameuse thèse du mimétisme politique.

Dans cette analyse comparative des discours, nous définissons une politique générale comme une proposition qui énonce un objectif ou qui annonce qu'une action sera entreprise sans préciser les modalités de l'intervention. Ainsi, nous classons sous cette rubrique toutes les promesses qui visent à réduire le déficit, à créer des emplois, à favoriser le progrès (ex. «Le principal objectif du nouveau gouvernement conservateur sera de remettre au travail les Canadiens qui sont en chômage.» ou encore, «Notre politique vise une forte amélioration de notre performance en commerce international». Nous entendons par politique spécifique une proposition qui indique le secteur d'activité où le parti compte intervenir s'il est élu et qui précise le moyen qui sera pris pour atteindre le but visé: ex «Pour sauver l'industrie forestière canadienne, un gouvernement conservateur s'engage à créer un ministère des Forêts. Un gouvernement conservateur abolirait la taxe de vente de 9 % sur les carburants utilisés par les producteurs forestiers.» (Discours de B. Mulroney à Vancouver le 20 juillet) Une proposition peut prendre la forme d'un paragraphe, d'une phrase ou d'une partie de phrase.

## LE MIMÉTISME POLITIQUE

Blanc bonnet bonnet blanc, dit le dicton populaire qui veut que les partis dominants aient tendance à se ressembler idéologiquement et à se copier mutuellement dans leurs prises de position. Les sondages confirment en partie cette perception populaire. Celui réalisé le 27 juillet révélait que seulement 45 % des Canadiens percevaient une différence significative entre le Parti libéral et le Parti conservateur, confirmant ainsi une idée chère au chef du NPD, Ed Broadbent, qui avait déclaré que la différence entre les libéraux et les conservateurs était aussi grande que celle qu'il y avait entre les deux cartes de crédit Visa et MasterCard. Les électeurs identifiaient par ailleurs une nette différence entre les libéraux et le NPD (64 %) et entre les conservateurs et le NPD (65 %). L'analyse de contenu des discours nous révèle des différences d'ordre quantitatif entre les libéraux et les conservateurs. Nous avons précédemment identifié les principales composantes du discours: les buts et les valeurs, les politiques spécifiques, la présentation de soi, la présentation de l'adversaire et la campagne en cours. Nous avons compilé le nombre de fois que ces composantes reviennent dans les discours rapportés par le journal *Le Devoir*. Les chiffres dans le tableau qui suit indiquent le nombre d'occurrences et non pas le nombre de propositions différentes. Les partis au cours de la campagne répètent souvent les mêmes propositions (ex. le Parti conservateur promit à trois reprises la création d'un ministère des Forêts), nous avons donc comptabilisé plusieurs fois la même promesse. Les diverses composantes se répartissent de la façon suivante:

Tableau I
Répartition des composantes du discours électoral

|  | Conservateurs | | Libéraux | |
|---|---|---|---|---|
|  | n | % | n | % |
| But et valeurs | 103 | 40,23 | 62 | 35,02 |
| Politiques spécifiques | 90 | 35,15 | 44 | 24,85 |
| Présentation de soi | 17 | 06,60 | 28 | 15,81 |
| L'adversaire | 43 | 16,79 | 31 | 17,51 |
| La campagne | 3 | 01,17 | 12 | 06,77 |
| Total | 256 | | 177 | |

Comme le montre ce tableau, les discours des partis ne sont pas construits de la même façon. D'abord, le discours conservateur est plus substantiel, plus étoffé que le discours libéral dans la mesure où il contient deux fois plus de propositions de politiques spécifiques. Si on combine les propositions générales (buts et valeurs) et les propositions spécifiques, on constate que les conservateurs se démarquent aussi nettement des libéraux avec 193 propositions contre 106. Cet écart peut s'expliquer par la position respective des partis, le parti d'opposition comptant plus sur la mise en valeur de son programme pour l'avenir alors que le parti gouvernemental peut renvoyer les électeurs au bilan de son action passée en mettant plus en valeur ses réalisations. Le Parti libéral, conformément à ce que prétendait son chef, a donc fait moins de promesses que le Parti conservateur et ce dernier avait tendance à être plus spécifique dans ses engagements.

Ces données confirment aussi une autre dimension importante du combat électoral: le rapport à l'adversaire. Il est normal que le parti d'opposition critique plus le parti gouvernemental et que ce dernier se défende en insistant sur ses réalisations. Les conservateurs ont dénoncé l'incurie du gouvernement, sa mauvaise gestion économique et les promesses non tenues de l'élection de 1980. Ils ont aussi beaucoup insisté sur le favoritisme des libéraux. Le discours critique occupe donc une plus grande place que le discours sur soi (43 contre 17), cette dernière dimension étant surtout réservée à la présentation des qualités du chef. On trouve moins de références critiques chez les libéraux, mais cette dimension est légèrement plus importante que la présentation de soi (31 contre 28), ce qui est inhabituel pour un parti au pouvoir qui doit capitaliser sur son bilan gouvernemental et non pas sur la dénonciation de son adversaire. On peut éclairer cette anomalie de stratégie des libéraux en observant la distribution temporelle des critiques de l'adversaire.

Tableau II
Distribution temporelle des critiques de l'adversaire

|  | 10-19 juil | 20-30 juil | 31-9 août | 10-20 août | 21-4 sept. | tot. |
|---|---|---|---|---|---|---|
| Conserv. | 10 | 12 | 9 | 6 | 6 | 43 |
| Libéral | 4 | 2 | 6 | 10 | 9 | 31 |

Comme l'indique ce tableau, il y a eu un virage straté-
gique chez les libéraux au milieu de la campagne électorale.
Alors que la dimension critique est plus importante chez les
conservateurs que chez les libéraux jusqu'au début d'août,
cette proportion s'inverse à partir du 10 août. Il faut noter
que ce changement intervient après le débat des chefs
remporté par Brian Mulroney et qu'il correspond aussi à
l'arrivée de Keith Davey à la direction de la campagne
libérale. Les sondages au début d'août indiquaient que les
libéraux étaient en chute libre dans les intentions de vote et
que le Parti conservateur volait allègrement vers la victoire.
Dès lors, les conservateurs insistent moins sur leur adversaire et se comportent plus comme un parti de gouvernement, alors que les libéraux tirent à boulets rouges sur le
nouvel aspirant.

Il est aussi intéressant de comparer les propositions
(générales et spécifiques) des partis en fonction des différentes missions de l'État afin d'identifier les principaux
secteurs d'intervention privilégiés par les partis. Pour ce
faire, nous avons utilisé une grille de classification mise au
point par G.A. Lafleur. (Voir *PQ-PLQ, élections 1981:
étude de stratégies électorales*, Laboratoire d'études
politiques et administratives, Université Laval, 1985) Nous
avons apporté des modifications importantes à cette grille
afin de la rendre adéquate à la gouverne d'un État souverain.

Tableau III
Répartition des interventions des partis
selon les missions de l'État

| | conservateur | | libéral | |
|---|---|---|---|---|
| | N | % | N | % |
| Mission gouvernementale et administrative | 79 | 41 | 34 | 32 |
| Mission éducative et culturelle | 9 | 4 | 3 | 2 |
| Mission sociale | 34 | 18 | 14 | 13 |
| Mission économique | 54 | 28 | 45 | 42 |

| | | | | |
|---|---|---|---|---|
| Mission internationale | 17 | 8 | 10 | 9 |
| TOTAL | 193 | 99 | 106 | 98 |

Ce tableau nous indique les secteurs qui intéressent le moins les partis libéral et conservateur: la mission éducative et culturelle et la mission internationale. Si la faible préoccupation manifestée à l'endroit de l'éducation et de la culture peut se justifier dans le mesure où il s'agit de champs de juridiction provinciale, il n'en va pas de même de la politique internationale, qui est une responsabilité exclusive de l'État fédéral. Les deux partis semblent d'accord pour négliger cette dimension de l'activité gouvernementale et ne pas en faire un enjeu majeur du débat électoral. Cette attitude s'explique sans doute par le désintérêt manifesté par l'électorat à l'endroit des questions internationales, le Canada jouant un rôle de second plan sur la scène mondiale.

Si les deux partis se ressemblent quant à ce désintérêt, ils se distinguent toutefois par certaines nuances dans leurs propositions de politique. D'abord, les libéraux n'abordent pratiquement pas les relations canado-américaines, alors que les conservateurs insistent beaucoup sur l'amélioration de nos relations d'amitié avec notre voisin du Sud. Ils spécifient même qu'ils veulent donner un appui inconditionnel aux politiques de Washington vis-à-vis l'Union soviétique et qu'ils veulent assainir les relations commerciales afin de réduire les obstacles au commerce entre les deux pays.

Durant la campagne électorale, on n'a certes pas abordé directement la question du libre-échange mais certaines prémisses ont été posées qui annonçaient déjà les orientations d'un futur gouvernement conservateur. Les candidats de ce parti avaient d'ailleurs reçu comme consigne de se déclarer favorable au libre-échange si la question leur était posée. Il pourrait s'agir ici d'un engagement discret du Parti conservateur qui ne voulait pas soulever cette question complexe dans le cadre d'une campagne électorale. Le 18 juillet, Brian Mulroney a abordé entre autres la question du contingentement de l'acier exporté et il s'est engagé à rechercher par la consultation une plus grande souplesse des Américains dans leur interprétation des clauses du Gatt. Il reprochait du même souffle aux libéraux d'avoir mal interprété le droit commercial international et d'avoir nui à l'industrie canadienne.

Les deux partis sont évidemment favorables aux initiatives de paix menées par Pierre Trudeau mais les libéraux insistent plus fortement que les conservateurs espérant retirer les bénéfices politiques des actions de l'ex-Premier ministre. Turner veut donner l'impression qu'il reprend à son compte cette mission de paix en adressant des lettres au secrétaire général des Nations Unies Perez de Cuellar (16 août) et au leader soviétique Tchernenko (18 août). «Il n'y a pas de tâche plus importante pour le Premier ministre du Canada que de jouer un rôle de leader pour la paix et c'est ce que je ferai.» Il dit aussi souhaiter rencontrer Reagan pour discuter de désarmement. Il réaffirme enfin la volonté du Canada de respecter ses engagements auprès de l'OTAN et de NORAD, se distinguant ainsi de la politique du NPD qui proposait de renoncer à ces alliances. Le Parti libéral cherche à se démarquer à la fois des conservateurs qui ne cachent pas leurs sentiments pro-américains et du NPD qui voudrait une politique neutraliste.

La question du désarmement nucléaire sera d'ailleurs au centre d'une controverse au sein du Parti libéral après l'engagement personnel de I. Campagnolo en faveur d'un gel des armements nucléaires, proposition qui n'avait pas été adoptée officiellement par le parti. Turner ne démentira pas sa candidate car un sondage Gallup publié le 13 août révélait que 84 % des Canadiens favorisaient un gel bilatéral des armes nucléaires. Il tentera plutôt de ménager la chèvre et le chou en se déclarant lui aussi personnellement favorable au gel de l'armement nucléaire mais en ajoutant qu'à titre de Premier ministre, il devait adopter une attitude responsable pour ne pas affaiblir la crédibilité du Canada (le 25 août). Les conservateurs pour leur part se sont contentés de dire qu'ils favorisaient une entente sur les armes nucléaires sans préciser leur position sur la question du gel.

C'est sur la politique de défense du Canada qu'il y a des

différences significatives entre les libéraux et les conservateurs. Les premiers n'abordent pas directement la question alors que les conservateurs font des propositions précises. Ils accusent les libéraux d'avoir négligé l'armée, minant ainsi notre crédibilité au sein de l'OTAN: «la politique de défense des libéraux a consisté à faire deux pas en avant, cinq pas en arrière». (*Le Devoir*, 2 août 1984) M. Mulroney a profité de l'occasion pour rappeler qu'à l'époque où John Turner était membre du gouvernement les libéraux avaient imposé des restrictions budgétaires au ministère de la Défense. Les conservateurs promettent d'augmenter le budget et les effectifs de l'armée, faisant passer les troupes de 82 000 à 90 000 en trois ans. Ils s'engagent aussi à publier un livre blanc sur la défense et à restaurer les distinctions vestimentaires entre les trois armes. Il est à noter que le discours électoral des conservateurs est plus précis sur cette question que leur programme politique qui se limite à affirmer de grands principes généraux. (Voir *Politique atout 1984*, p. 22)

Il est étonnant de constater que les conservateurs accordent plus d'importance à la mission sociale de l'État (18 % du discours) que les libéraux (13 %), ces derniers s'étant toujours présentés comme les garants des programmes sociaux. Ceci s'explique par le fait que les conservateurs avaient à faire leurs preuves et à démontrer qu'ils ne toucheraient pas aux programmes sociaux et ne s'attaqueraient pas au principe de l'universalité pour réduire le déficit. Brian Mulroney s'efforça de convaincre les Canadiens qu'ils ne risquaient pas de perdre les avantages des programmes sociaux en votant pour le Parti conservateur. Certaines hésitations, tergiversations et contradictions au sein de son parti l'obligèrent à revenir fréquemment sur le sujet et à s'engager formellement à ne pas modifier l'assurance-santé et les pensions de vieillesse dans ses efforts pour réduire le déficit.

C'est le thème de la condition féminine qui prend le plus de place dans le discours social des conservateurs, suivi par les politiques d'aide aux personnes âgées et par l'environnement. Les conservateurs promettent de lutter contre l'inégalité économique dont souffrent les femmes en organisant un sommet économique sur la question, en favorisant l'égalité d'accès aux programmes de formation de la main-d'œuvre, en les préparant au virage technologique, en incitant les entreprises par des encouragements fiscaux à recruter plus de femmes et enfin en appliquant le principe d'un salaire égal pour un travail de nature équivalente dans les secteurs contrôlés par l'État afin de faire de la fonction publique un modèle à suivre sur le plan de l'égalité de la femme au travail. Ils proposent aussi d'étendre le régime des rentes aux femmes travaillant à la maison. Ils s'engagent à étudier la mise en place d'un système de garderies. Ils promettent de dégager un budget de 15 millions de dollars afin de lutter contre la violence faite aux femmes. Une candidate locale du Parti conservateur, Lorraine Duguay, propose d'obliger les employeurs à retenir à la source les pensions alimentaires.

Les libéraux ne font pas beaucoup mieux au chapitre de la condition féminine. Ils mettent en cause la bonne foi des conservateurs en rappelant qu'en 1983, 74 % des délégués du parti à une réunion d'orientation politique s'étaient opposés au financement d'un programme de garderie et que dans une proportion de 62 % ils avaient proposé de réduire les allocations familiales. (Voir *Le Devoir*, 17 août 1984) Ils insistent de façon plus concrète sur le programme de garderie en proposant de convoquer une conférence fédérale-provinciale pour établir un tel programme et en proposant d'accroître le crédit d'impôt de 2 000 $ à 3 000 $ pour la garde de chaque enfant. Ils se distinguent toutefois des conservateurs en s'engageant à ne pas modifier la loi sur l'avortement, en promettant de durcir la loi sur la pornographie et en proposant un programme d'aide spécifique aux familles monoparentales qui consacrent plus de 30 % de leur budget au loyer, le coût de ce programme étant évalué à environ 300 millions de dollars alors que les conservateurs sont silencieux sur ces questions. Curieusement, dans ses discours, John Turner, quant à lui, semble avoir oublié d'aborder le thème de l'égalité d'accès à l'emploi pour les femmes alors que les conservateurs donnent beaucoup d'importance à cette question en favorisant l'implantation de programmes d'action positive dans la fonction publique fédérale.

Les conservateurs accordèrent plus d'attention aux personnes âgées que les libéraux qui, misant sans doute sur leurs réalisations passées pour conserver l'appui de cette clientèle, se contentèrent de promettre d'aider les citoyens âgés dans le besoin en réduisant d'un an l'âge d'admissibilité au régime de supplément de revenu garanti. John Turner déclarait à ce propos:

> La population sait que nos programmes sociaux ont été mis en place par des gouvernements libéraux et que seuls les libéraux les maintiendront et étendront ces programmes. Les conservateurs peuvent chercher à nous imiter. Ils peuvent se donner des airs de libéraux comme tactique électorale mais ils n'enlèveront jamais aux vrais libéraux leur humanité et leur compassion. (*Le Devoir*, 23 août 1984)

Les conservateurs furent beaucoup plus spécifiques en promettant d'indexer les pensions de vieillesse sur une base trimestrielle plutôt qu'annuelle afin de maintenir le pouvoir d'achat des personnes âgées et en accordant la pension de vieillesse aux veuves et veufs âgés de 60 à 65 ans quel que soit l'âge de décès du conjoint. Ils s'engagèrent aussi à augmenter le supplément de revenu garanti dès que le gouvernement sera en mesure de le faire. Brian Mulroney déclarait que l'objectif de son gouvenement en matière sociale ne se limitait pas à maintenir le statu quo, mais à améliorer notre système social pour le rendre plus juste. Les conservateurs promettent même d'investir de nouveaux fonds pour développer les services de santé communautaire, les soins à domicile et la recherche médicale. Mais ces promesses sont vagues et ne sont pas accompagnées d'un échéancier.

Sur la question de l'environnement, les deux partis adoptent des positions similaires. Les conservateurs s'engagent à faire pression sur le gouvernement américain pour lutter contre les pluies acides afin de réduire de 50 % d'ici 1994 les émissions de soufre. Ils se proposent aussi de mettre les problèmes environnementaux en tête de liste des priorités d'un futur gouvernement conservateur et ils s'engagent à évaluer les projets d'investissement fédéraux en fonction de leur impact sur l'environnement. Les libéraux prennent les mêmes engagements. Ils se promettent toutefois d'être plus exigeants envers l'entreprise privée en rendant les industries polluantes responsables de la pollution et en leur faisant assumer les coûts de la dépollution.

Dans l'ensemble, les politiques sociales des deux partis ne divergent pas fondamentalement. Les objectifs et les clientèles visées sont les mêmes. On a toutefois pu observer des différences dans les moyens proposés pour les atteindre. Les conservateurs se montrent plus favorables à l'entreprise privée en leur offrant des encouragements fiscaux pour les inciter à donner des chances égales aux femmes sur le marché du travail, alors que les libéraux sont plus agressifs à l'endroit des entreprises polluantes.

Même si les deux partis avaient décidé de mettre les préoccupations économiques en tête de liste de leurs priorités dans leur stratégie de communication, on remarque qu'ils se sont distingués durant la campagne par l'importance relative accordée à leurs prises de position économique. Les libéraux accordèrent la première place aux propositions économiques (42 %), alors qu'elles arrivent au deuxième rang (28 %) dans le discours des conservateurs qui ont par ailleurs accordé une grande attention à la question constitutionnelle, ce qui explique cet écart relatif.

Les deux partis ont beaucoup insisté sur la nécessité de créer des emplois pour les jeunes, définissant le chômage et la relance économique comme les deux principaux enjeux de cette élection. Les libéraux proposèrent à cet égard un programme national d'apprentissage pour les jeunes de 17 à 21 ans, appelé «Première chance», et dont le coût était évalué à 100 millions de dollars la première année. Les libéraux se sont aussi engagés à investir 1 milliard par année pour la formation de la main-d'œuvre. Il ne s'agissait évidemment pas d'argent frais puisque John Turner évaluait en début de campagne sa marge de manœuvre budgétaire à 308 millions de dollars.

Les conservateurs ne rataient pas une occasion de rappeler que les libéraux étaient responsables de la situation désastreuse de l'emploi pour les jeunes. Ils proposent pour leur part d'investir 250 millions dans la création d'emplois pour les jeunes sans expérience en instaurant un crédit d'impôt pour les employeurs. Ils offrent aussi un programme de bourses de 5 000 $ à 10 000 $ à des jeunes qui veulent se lancer en affaires. Encore une fois, si l'objectif est identique, le moyen choisi n'est pas le même puisque les libéraux mettent de l'avant un programme de subventions donnant une allocation de 150 $ par semaine pour des stages de formation en entreprise alors que les conservateurs veulent remplacer les subventions aux individus par des incitatifs fiscaux qui vont profiter d'abord aux entreprises qui embauchent des jeunes. Cette différence d'approche de l'aide entre les conservateurs qui privilégient les stimulants fiscaux et les libéraux qui préfèrent les paiements de transfert aux individus se retrouvera dans les autres volets de la politique économique des deux partis (à l'exception de la politique énergétique où les libéraux proposent aussi des crédits d'impôt).

La politique énergétique arrive au second rang dans l'ordre d'importance des thèmes économiques abordés dans les discours électoraux des deux partis. Les deux partis promettent de réviser la politique nationale de l'énergie. John Turner tend à se démarquer de la politique adoptée par son prédécesseur en proposant d'adoucir les contraintes imposées aux compagnies pétrolières. «Je veux, dit-il, que l'Alberta développe ses ressources avec un peu plus de liberté que ne le permet le programme actuel.» (*Le Devoir*, 16 juillet 1984) Les libéraux avaient une longue pente à remonter dans l'Ouest où régnait un profond sentiment d'aliénation envers les dirigeants libéraux parce qu'ils avaient privé l'Ouest de revenus en fixant le prix du pétrole à un coût inférieur au marché mondial afin de ne pas nuire à la capacité concurrentielle des provinces centrales plus industrialisées. La politique nationale de l'énergie contingentait aussi les exportations de pétrole et de gaz aux États-Unis. Turner propose donc de modifier la politique fiscale des compagnies de pétrole en promettant de les taxer selon les profits nets réalisés et non pas sur les recettes des pétrolières. Il laisse aussi entrevoir la possibilité que le prix du pétrole canadien rejoigne graduellement le prix mondial, mais il insiste pour maintenir la sécurité des approvisionnements et protéger les consommateurs canadiens contre les variations brusques des prix. Il s'engage enfin à revoir le système des subventions pour stimuler la recherche de nouveaux gisements par des encouragements fiscaux. Il affirme sa volonté de continuer à promouvoir la canadianisation de ce secteur économique névralgique. À un niveau plus restreint, il s'engage à protéger l'industrie pétrochimique à Sarnia et considère qu'il ne peut rien faire pour Pétromont, «le dossier est dans les boules à mites», dit-il. (*Le Devoir*, 28 juillet 1984)

Les conservateurs ne manqueront pas de capitaliser sur ce traitement inéquitable réservé par la politique libérale à l'industrie pétrochimique québécoise en promettant une aide de 15 millions de dollars à Pétromont et en s'engageant à supprimer toutes les taxes applicables au raffinage du pétrole utilisé dans la production de produits destinés à l'exportation. Ils rendent le programme national de l'énergie responsable du déclin de l'industrie pétrochimique dans l'Est du pays. Par ailleurs, les objectifs de leur politique rejoignent ceux du Parti libéral: «Les mesures que nous proposons permettront d'accélérer la prospection et la mise en valeur des ressources, de mieux protéger les consommateurs et d'accroître la participation canadienne dans le secteur du pétrole et du gaz.» (*Le Devoir*, 20 août 1984) Ils promettent toutefois de faciliter les exportations de gaz aux États-Unis et ils s'engagent à mettre fin à la politique d'expropriation sans compensation des découvertes de nouveaux gisements sur les terres du Canada. Là où les conservateurs se distinguent le plus nettement des libéraux, c'est lorsqu'ils laissent planer la menace de privatiser Pétro-Canada, mais cette proposition fut faite par M. Wilson à titre personnel et ne constituait pas un engagement du parti.

Les deux partis accordèrent aussi une grande attention aux autres secteurs liés à l'exploitation des ressources naturelles: la forêt, l'agriculture et la pêche. Les conservateurs se distinguèrent nettement des libéraux au chapitre de la politique forestière. Ils promirent de créer un ministère de la Forêt pour revitaliser ce secteur que les libéraux ont laissé dépérir, disent-ils. Ils s'engagèrent à abolir la taxe de vente de 9 % sur les carburants utilisés par les producteurs forestiers, à créer un programme quinquennal de sauvetage des forêts, à créer un programme de stage en foresterie, à améliorer la commercialisation des produits forestiers sur les marchés internationaux. Chez les libéraux, on ne retrouve qu'une vague référence au renouvellement des forêts considéré dans une perspective environnementale.

Alors que dans leurs discours les conservateurs proposent de réduire le rôle des sociétés de la Couronne dans le secteur des pêcheries, les libéraux eux promettent de consacrer 240 millions de dollars à la relance des pêches en Gaspésie et s'engagent à régler le conflit de juridiction avec le Québec au sujet des pêches côtières.

Malgré leur faible poids électoral, les deux grands partis canadiens prirent des engagements précis envers les agriculteurs et tout particulièrement envers ceux de l'Ouest. Dans son discours de Prince Albert en Saskatchewan, John Turner promit d'augmenter le «cash flow» des producteurs de grains en leur versant immédiatement 250 millions de dollars puisés à même les réserves de l'Office du blé, plus 500 millions de dollars à l'automne. Il offre aussi une aide spéciale de 16 millions de dollars aux agriculteurs du nord de la Saskatchewan victimes d'inondations ainsi qu'une aide de 21 millions de dollars aux producteurs de bovins qui eux ont été victimes de la sécheresse.

Les conservateurs leur offrent des mesures différentes mais aussi spécifiques: abolition de l'impôt sur les gains de capital provenant de la vente des terres agricoles à d'autres agriculteurs, création d'un programme d'obligations agricoles qui permettra de réduire les taux d'intérêt sur les prêts consentis aux agriculteurs et enfin une réduction de 20 cents le gallon sur les carburants agricoles. Contrairement aux propositions libérales dont les effets se limitaient aux agriculteurs de l'Ouest, ces mesures pouvaient profiter aux agriculteurs de toutes les régions du pays.

L'analyse des propositions économiques des deux partis révèlent des différences quant à la stratégie de développement économique privilégiée par les libéraux et les conservateurs. Les premiers ont tendance à favoriser des interventions de soutien direct par des subventions de l'État aux secteurs en difficulté comme le charbonnage et l'aciérie en Nouvelle-Écosse alors que les conservateurs misent sur les allègements fiscaux pour soutenir l'activité économique. Les deux partis adoptent aussi des attitudes différentes vis-à-vis les investissements étrangers. Les conservateurs veulent encourager l'afflux des capitaux étrangers et se proposent de transformer le mandat de Fira en agence de développement économique alors que les libéraux se disent favorables à la loi sur le tamisage de l'investissement étranger. Enfin, même si le nombre de références est minime, on doit aussi souligner une autre différence significative entre la philosophie de développement économique des conservateurs et celle des libéraux, car les premiers préconisent la déréglementation et la privatisation de certaines entreprises publiques comme Air Canada, Pétro-Canada et le Canadien National (voir discours de M. Wilson, *Le Devoir*, 26 juillet 1984) ainsi que dans le secteur des pêcheries, alors que les libéraux n'abordent pas ces questions.

La différence la plus significative entre les conservateurs et les libéraux apparaît au chapitre de la mission gouvernementale, les conservateurs ayant fait deux fois plus de propositions de politique (83) que les libéraux (34). Deux questions distinguent particulièrement ces partis: le dossier des relations fédérales-provinciales et celui de la fiscalité.

Quelques mois avant la campagne électorale, les députés conservateurs avaient formé une commission d'enquête qui avait tenu des audiences publiques dans toutes les régions du pays sur la politique fiscale du gouvernement libéral. Ils avaient constitué un dossier bien étoffé qui mettait en cause l'arrogance de l'administration fédérale à l'endroit du contribuable. Ils promirent d'apporter une série de correctifs à la loi sur l'impôt. Ils proposèrent de créer un impôt minimum pour ceux qui gagnent plus de 60 000 $, de réformer le système des abris fiscaux, de promulguer une charte des droits du contribuable, de simplifier le système fiscal, d'éliminer le système des quotas des enquêteurs fiscaux, de créer un tribunal des petites créances pour régler les litiges fiscaux, de supprimer l'obligation pour le contribuable de payer la somme contestée avant que sa cause ne soit entendue en appel, de régionaliser l'étude des dossiers et enfin de limiter le pouvoir de perquisition et de saisie. Les libéraux pour leur part n'abordèrent pas cette question, se contentant de promettre aux investisseurs une déduction fiscale de 100 % pour perte sur le capital. Enfin, les deux partis s'engagèrent à ne pas augmenter les impôts.

Les conservateurs jouèrent la carte du nationalisme dans leur discours électoral au Québec. Dans son discours de candidature, à Baie-Comeau, Brian Mulroney fit une ouverture constitutionnelle au gouvernement du Parti québécois en s'engageant à négocier dans l'honneur et la dignité la modification de la formule d'amendement afin d'obtenir la signature du Québec à la nouvelle constitution. Il promet de mettre fin à l'antagonisme et à l'amertume provoqués par les libéraux et de traiter les Québécois et leur gouvernement élu en partenaire et associé à part entière. Il veut prouver aux Québécois par son attitude de coopération et de compréhension que le gouvernement fédéral est aussi leur gouvernement et qu'il n'est pas une menace à leur identité. Dans chacun de ses discours, il accuse les libéraux d'avoir abusé de leur pouvoir au Québec et il invite les Québécois à s'affranchir du carcan électoral que lui impose depuis tant d'années le Parti libéral.

Le Parti conservateur avait de lourds antécédents historiques à surmonter au Québec où il avait toujours été perçu comme le parti des anglophones et où son organisation était pratiquement inexistante. Avec l'élection d'un chef francophone et un discours très ouvert aux revendications du Québec, on espérait démontrer que le «nouveau Parti conservateur» allait mieux servir les intérêts du Québec que les libéraux qui avaient traditionnellement représenté la belle province à Ottawa.

Pour convaincre ses auditoires, Mulroney évoque donc avec pathos son origine et son identité québécoise:

> Dirigé pour la première fois par un Québécois, mon parti offre un véritable choix aux Québécois... C'est à partir de chez moi et avec l'appui des miens que je veux accéder à la direction de mon pays. Je veux m'inspirer du courage des habitants de cette dure région, terre de mon enfance et de ma jeunesse. J'ai besoin de leur chaleur humaine et de leur sens critique, de leur énergie, de leur ouverture d'esprit. Fils de la Côte-Nord, je suis donc un vrai Québécois et fier de l'être. Le PC et le Québec ont un rendez-vous historique le 4 septembre... Québécois moi-même, député d'une communauté composée essentiellement de francophones dont plusieurs ont voté Oui au référendum de 1980, mon mandat sera forcément de tenter la réconciliation. (*Le Devoir*, le 16 juillet 1984)

En plus de jouer sur la corde de l'appartenance, Mulroney adopta la politique de la main tendue. Il se présentait comme le champion de la réconciliation nationale se démarquant ainsi nettement de John Turner qui affirmait pour sa part qu'il refuserait de discuter les questions constitutionnelles tant et aussi longtemps qu'il y aurait un gouvernement indépendantiste à Québec. «Je ne discute pas avec un gouvernement qui ne croit pas à l'avenir du pays.» (*Le Devoir*, 28 juillet 1984) Il accuse les conservateurs de tenir deux langages: de parler d'unité un soir et de courtiser le PQ le lendemain. (*L e Devoir*, 8 août 1984) Mulroney répliqua qu'il ne craignait pas de demander aux ex-partisans de la souveraineté du Québec de donner une nouvelle chance au Canada: «M.

Turner s'est rendu au Québec récemment et il a trouvé des séparatistes. Mais moi je dis que le temps est venu de se réconcilier, de guérir les vieilles plaies pour finalement être en mesure de reconstruire un Canada uni, fort et prospère.» (*Le Devoir*, le 15 août 1984) Il aborda le même thème dans un autre discours à St-Jean: «Votez pour moi, je suis Québécois... Finies les chicanes, finies les querelles, finies les guerres stériles. Nous sommes à l'aube d'un authentique recommencement national si nous sommes capables de substituer les ententes à la discorde... Les libéraux laissent entendre qu'il faut mâter le Québec, mais moi je dis qu'il faut un Québec fort dans un Canada uni.» (*Le Devoir*, 17 août 1984) Le lendemain, à Montréal, il demandera aux Québécois de l'aider à bâtir une nouvelle fédération canadienne, insinuant subtilement que Trudeau n'avait pas rempli ses promesses référendaires. Joe Clark affirmera pour sa part que le Parti conservateur s'engageait à réaliser le fédéralisme renouvelé: «Les 1 400 000 Québécois qui ont voté oui au référendum, ont voté oui au changement, oui au renouvellement de la Constitution et c'est à quoi s'engage le Parti conservateur.» (*Le Devoir,* 27 août 1984) Il précise que ce projet ne sera dévoilé qu'après les élections.

Les libéraux jouaient à contretemps l'argument de la peur du séparatisme qui avait procuré de belles heures de gloire à Pierre Trudeau. Mais, après l'échec référendaire, les temps et les esprits avaient changé au Canada anglais. Turner servait aussi l'image de réconciliation que voulait projeter les stratèges conservateurs lorsqu'il dénonçait la présence d'ex-péquistes dans les rangs du Parti conservateur. Il justifiait la thèse des conservateurs voulant que les libéraux soient responsables des affrontements entre le gouvernement fédéral et le Québec ou encore l'Ouest.

Dans ses discours en Ontario ou dans l'Ouest, Mulroney se défendait bien d'avoir des préjugés favorables envers le Québec, la nouvelle attitude qu'il préconisait serait valable pour toutes les provinces, disait-il. Il promet par exemple de redonner aux provinces de l'Ouest le droit de parole qu'elles avaient perdu sous le règne des libéraux de Trudeau. Le 30 juillet, à Toronto, il déclare que l'enjeu de cette élection est l'unité du Canada menacée par l'intransigeance et l'intolérance des libéraux: «Je l'ai dit au Québec, je le répète ce soir: notre parti ira chercher les uns et les autres et nous unifierons le pays, un pays unifié par la tolérance, la fierté, l'affection et la nouvelle prospérité que nous apporterons.» (*Le Devoir*, 30 juillet 1984) Il ne s'engage pas sur la question du droit de veto du Québec mais il se dit prêt à examiner des réaménagements de la formule d'amendement. Si la position des conservateurs sur cette question était prudente et nuancée, celle des libéraux était contradictoire car d'un côté Raymond Garneau se disait favorable au droit de veto pour le Québec, alors que John Turner, quant à lui, refusait de soutenir la position de son lieutenant québécois tout en se disant prêt à revoir le dossier constitutionnel. Mais il précise que la déclaration de M. Garneau n'engage que lui. (*Le Devoir*, 21 juillet 1984)

Conformément au nouvel esprit du fédéralisme qu'il voulait inspirer et incarner, Mulroney promit d'assainir le climat des relations-fédérales provinciales et de pratiquer une politique de coopération avec les provinces. Il se fixe trois objectifs: harmoniser les politiques des deux ordres de gouvernement, respecter les compétences provinciales, dépolitiser le régime des subventions aux provinces. La consultation, la compréhension et la concertation devaient définir les nouvelles relations fédérales-provinciales. Il dénonce à cet égard la décision unilatérale des libéraux de réduire les subventions fédérales à l'éducation post-secondaire. Il critique aussi la réduction des paiements de péréquation aux provinces et propose la réouverture des accords fiscaux. Il s'engage aussi à revoir la loi C-12 qui oblige les provinces à rendre des comptes sur la façon dont les subventions fédérales sont utilisées. Il veut mettre fin au rôle de gendarme centralisateur du gouvernement canadien. Il s'engage à renouveler l'entente cadre avec le Québec par laquelle le fédéral versera 60 % des coûts des programmes de développement économique. Il rappelle à de nombreuses reprises au cours de la campagne que la collaboration fédérale-provinciale est essentielle au développement économique.

Les conservateurs pour renforcer leur crédibilité au Québec devaient aussi dédouaner leur passé pas si lointain où ils combattaient la loi sur les langues officielles. À ce chapitre, les libéraux avaient une longueur d'avance même si depuis Robert Stanfield le Parti conservateur avait fait des efforts pour se rapprocher des francophones. Mais certaines factions extrémistes de l'Ouest ou même certains gouvernements provinciaux dirigés par des conservateurs continuaient à combattre ouvertement la reconnaissance des droits du français.

La question linguistique est un enjeu controversé de la politique canadienne et les partis s'avancent précautionneusement sur ce terrain miné où ils doivent rassurer la minorité francophone sans indisposer la majorité anglophone. Le Parti libéral avait depuis vingt ans exploité une combinaison gagnante en proposant la loi sur les langues officielles et en se présentant comme le champion des minorités. Le bilinguisme institutionnel lui valait certes de l'hostilité dans les provinces de l'Ouest mais il lui assurait la loyauté indéfectible du Québec où les libéraux savaient exploiter la fierté nationale des Québécois même s'ils s'employaient par ailleurs à contrer l'affirmation politique du Québec. Dans l'esprit de Pierre Trudeau, la reconnaissance des droits du français sur la scène fédérale devait servir à détourner et canaliser le nationalisme québécois et le transformer en identification à l'État canadien.

La question linguistique fut introduite dans le débat électoral par un jugement de la Cour suprême sur la loi 101 invalidant la clause Québec et lui substituant la clause Canada qui accordait le droit à l'école anglaise à tous les ressortissants canadiens qui venaient s'établir au Québec. (Voir *Le Devoir*, 27 juillet 1984) Ce jugement portait atteinte au pouvoir de légiférer du Québec en matière linguistique. Selon John Turner, le Québec était allé trop loin et brimait les droits de la minorité anglophone. Hormis cette dénonciation de la loi 101 qui pouvait être populaire en Ontario et dans l'Ouest, les libéraux s'attaquèrent surtout au Parti conservateur accusant certains de ses porte-parole d'être des racistes, des réactionnaires. «Ce parti, déclara Raymond Garneau, comprend tous les mange Canayens de la terre.» (*Le Devoir*, 20 août 1984) John Turner, pour sa part, mettait en doute la sincérité de Brian Mulroney: «Comment faire la jonction entre Mulroney qui au Québec donne des p'tits becs à Lévesque et donne l'accolade à Bob Sherman» (candidat conservateur manitobain opposé au bilinguisme). (*Le Devoir*, 20 août 1984) Le discours libéral cherchait ainsi à miner la crédibilité des conservateurs comme défenseurs du fait français.

Sur la question linguistique, la stratégie conservatrice consistait à ne pas se distinguer des libéraux et à défendre le bilinguisme et la loi sur les langues officielles. Mulroney se dira lui aussi d'accord avec le jugement de la Cour suprême: «Elle permet une plus grande mobilité à travers le pays et elle ouvre une perspective nouvelle au développement du Québec. La décision ne met pas pour autant en péril la langue et la culture française au Québec... ma position est d'encourager les minorités et elle vaut aussi pour le Québec.» (*L e Devoir*, 28 juillet 1984) La marge de manœuvre du chef conservateur sur cette question était très étroite. Il devait se montrer favorable aux droits des francophones pour concurrencer les libéraux au Québec où cette question était très sensible mais ses promesses ne devaient pas susciter de réactions négatives de la part de son électorat traditionnellement hostile au fait français en Ontario et dans l'Ouest.

Sans rien promettre de précis, il s'engagea à faire des pressions «amicales mais fermes» sur le Premier ministre Bill Davis pour que l'Ontario accepte le français comme langue officielle. Mais il n'abordait pas ce thème sans souligner les progrès extraordinaires faits par le gouvernement Davis en matière linguistique.

Il a déjà permis d'extraordinaires progrès et établi le bilinguisme dans à peu près tous les services. Il a aussi à composer avec certaines réalités dont l'opposition des libéraux de cette province à une extension des droits linguistiques en Ontario. Si j'étais élu, je l'exhorterais fermement mais amicalement à poursuivre son bon travail. (*Le Devoir*, 4 août 1984)

Tout en reconnaissant que la situation des Franco-Ontariens est anormale, il refuse toutefois de s'engager à obliger l'Ontario à reconnaître le français comme langue officielle. Pour montrer sa détermination et sa bonne foi dans ce dossier, il rappelle la position qu'il a prise en faveur des Franco-Manitobains, n'hésitant pas à cette occasion à critiquer certains membres de son parti.

On doit toutefois souligner que le chef conservateur cherchera le plus possible à éviter la question du bilinguisme dans ses discours en Ontario et qu'il se défendra même d'avoir discuté de ce thème avec le chef conservateur de cette province, Bill Davis. «Il n'a pas été question du bilinguisme avec Davis. Il a été question de l'enjeu de cette élection. Davis est au courant de ma prise de position. Il comprend que je sois le chef national et que j'endosse des positions qu'il ne partage pas au même degré. Ce ne sera pas la première fois qu'un chef provincial diverge de priorité avec le chef national.» (*Le Devoir*, 10 août 1984) Ce chef-d'œuvre de diplomatie politique est révélateur des tensions soulevées par la question linguistique au sein du Parti conservateur qui devait taire ses dissensions pour devenir un parti national. Par ailleurs, pour réduire les appréhensions de son électorat tory, Mulroney pouvait faire valoir sa conception du fédéralisme respectueuse des compétences provinciales. Un gouvernement fédéral dirigé par les conservateurs ne forcerait pas l'Ontario à devenir bilingue mais ferait respecter les droits des minorités.

## CONCLUSION

Cette analyse comparative des discours électoraux des deux grands partis canadiens confirme partiellement la thèse du mimétisme politique. À quelques distinctions près sur l'utilisation de la politique fiscale, sur la déréglementation, la privatisation et le rôle de FIRA, on a pu constater que les libéraux et les conservateurs adoptaient des positions semblables sur les grands enjeux économiques et sociaux. Les deux partis identifient les mêmes problèmes: chômage, relance économique, réduction du déficit. Ils proposent des solutions qui se ressemblent et visent les mêmes clientèles: les jeunes, les femmes, les personnes âgées, les gens d'affaires et les agriculteurs.

On a toutefois constaté que le positionnement des deux partis tend à se différencier principalement sur la politique de défense et sur la philosophie constitutionnelle. Alors que les conservateurs préconisent une philosophie de réconciliation nationale et un fédéralisme coopératif qui tend à respecter les champs de compétence des provinces, les libéraux continuent à favoriser un État fédéral gendarme qui intervient dans les compétences et la gestion des provinces. Alors que le statut constitutionnel du Québec est un enjeu majeur pour les conservateurs qui laissent miroiter l'espoir d'une politique d'accommodement et de compromis, les libéraux se montrent moins disposés à reconnaître la distinction nationale du Québec et plus intransigeants envers le gouvernement du Parti québécois. L'électeur québécois pouvait donc choisir entre deux visions différenciées de la gestion fédérale. Nous examinerons dans le prochain chapitre si cette différenciation se vérifie dans les produits publicitaires offerts par les deux partis.

# Chapitre 5

## La publicité télévisée des grands partis canadiens

Dans ce chapitre, nous nous proposons de comparer la publicité télévisée en langue française des deux principaux partis canadiens lors de l'élection fédérale de 1984 afin de vérifier la validité de la thèse du mimétisme des partis politiques canadiens et d'évaluer l'importance attribuée à la personnalité des chefs dans les stratégies de communication des partis. Pour les fins de cette analyse, nous avons dû exclure le NPD parce que ce parti n'a pas acheté de publicité télévisée et n'a produit aucun message pour la clientèle francophone estimant cet investissement peu rentable électoralement.

### L'IRRUPTION DE LA TÉLÉVISION

La publicité télévisée fut introduite pour la première fois dans une campagne électorale lors de l'élection présidentielle américaine de 1952. Les conseillers d'Eisenhower l'avaient convaincu de l'effet persuasif des messages publicitaires largement utilisés par les publicistes. Rooser Reeves, l'un des fondateurs de cette nouvelle stratégie de communication politique, résumait ainsi l'objectif de la publicité politique: «J'imagine que l'électeur dans l'isoloir hésite comme dans une pharmacie lorsqu'il s'agit de choisir entre deux pâtes dentifrices. Il choisira finalement la marque dont on lui a le plus parlé.» (Cité dans Vance Packard, *La Persuasion clandestine*, Paris, Calman-Lévy, 1984, p. 179)

Les campagnes électorales modernes s'organisent autour de l'axe de communication télévisuel, la télévision étant l'instrument le plus efficace pour la communication de masse. Les stratèges conçoivent même les événements politiques en fonction des heures de tombée des téléjournaux espérant ainsi pouvoir profiter de temps d'antenne gratuit. Mais le meilleur accès à la télévision, même s'il est très coûteux, demeure l'achat de temps d'antenne pour diffuser des messages publicitaires, car le contrôle de l'image est assuré et ainsi le message ne risque pas d'être déformé par les commentaires du journaliste ou par le découpage des prises de vue.

Le message éclair a l'avantage de briser le mur de l'exposition sélective et de rejoindre de vastes auditoires peu politisés qui se promènent entre *Dallas* et *Le Temps d'une paix*. De nos jours, aucun parti politique sérieux ne peut se permettre de négliger cette arme de propagande et l'abandonner à son adversaire. Tous les partis font donc appel à des spécialistes de la communication qui à partir de sondages d'opinion définissent les principaux axes du message et structurent une stratégie de communication.

Selon différents sondages réalisés dans plusieurs pays (Voir Blumler et autres, *La Télévision fait-elle l'élection?*, Paris, FNSP, 1978; et E. Diamond et S. Bates, *The Spot: the Rise of Political Advertising on Television*, M.I.T. Press, 1984), la publicité télévisée, à elle seule, ne peut inverser un courant d'opinion. Son principal impact est de fixer ce qu'on appelle «les priorités d'agenda», ce qui signifie qu'elle attire l'attention de l'électeur sur certaines questions, qu'elle oriente sa réflexion et pèse indirectement sur son choix. On a observé que l'impact de ces messages publicitaires varie selon le degré d'information des citoyens: moins un citoyen est informé, plus il sera influencé par le message publicitaire dans sa perception des enjeux de l'élection. Chez les gens bien informés, la publicité induit une plus grande cristallisation des opinions.

Les deux grands partis canadiens, reconnaissant la dualité linguistique de l'électorat canadien et la spécificité du marché politique québécois, utilisent les services de deux agences de publicité: l'une qui s'adresse à l'électorat francophone et l'autre à l'électorat anglophone. En 1984, la campagne libérale au Québec fut préparée par l'agence-maison appelée «La machine rouge» dont les cerveaux étaient Jacques Bouchard de BCP et Jean Prévost et pour le reste du Canada par The Red Leaf Communications, groupe formé par Martin Goldfarb et les sénateurs Jerry Grafstein et Keith Davey. Celle des conservateurs fut conçue à l'échelle canadienne par Tom Scott (Sherwood Entreprises) avec la collaboration du Centre de recherche Décima, maison de sondage dirigée par Allan Gregg, et au Québec par une agence créée pour la circonstance et appelée «Tonnerre bleu» et dont les dirigeants étaient Roger Nantel, Jean Léveillée, Jean Péloquin et Raymond Boucher. Le patron de Decima Research reconnaissait en ces termes le particularisme québécois: «... le Canada français maintient son attachement à la collectivité. Ses citoyens sont aussi plus enracinés, plus reliés les uns aux autres et cela porte à conséquence en matière de marketing commercial et politique.» (*La Presse*, 25 octobre 1985, A4) Cette spécificité vaudra aux conservateurs du Québec un budget de publicité de 1 million de dollars. Un budget équivalent était aussi à la disposition des libéraux.

Quant au NPD, son budget de publicité télévisée pour l'ensemble du Canada était modeste, soit 1,5 million de dollars. La campagne publicitaire du NPD fut confiée à l'agence Michael Morgan de Vancouver qui a produit sept messages. Ces messages présentent le NPD comme le parti du monde ordinaire et n'accordent pratiquement aucune visibilité au chef du parti. Au Québec, l'électorat francophone n'eut droit à aucune publicité télévisée. Le NPD, par ailleurs, utilisa son temps d'antenne gratuit, soit 19 minutes, sur chaque réseau pour mettre en valeur son chef national, Ed Broadbent. (Voir *Le Devoir*, 13 août 1984)

## LA RÉGLEMENTATION DE LA PUBLICITÉ ÉLECTORALE

La publicité représente 50 % des dépenses électorales des partis libéral et conservateur. Ces dépenses se répartissent comme suit:

### Tableau IV
Répartition des budgets de publicité selon les types de média

|              | Publicité écrite | Radio      | Télévision | Total      | Grand Total |
| ------------ | ---------------- | ---------- | ---------- | ---------- | ----------- |
| conservateur | 206 651          | 1 236 075  | 1 757 944  | 3 200 670  | 6 388 941   |
| libéral      | 763 482          | 1 069 248  | 1 695 186  | 3 527 916  | 6 292 983   |

source: *Rapport du directeur général des élections concernant les dépenses d'élection*, Ottawa, 1984.

On peut constater que les libéraux ont plus investi dans les moyens traditionnels de publicité comme les journaux et les panneaux publicitaires où ils ont dépensé trois fois plus que les conservateurs alors que ces derniers ont investi légèrement plus dans les supports audio-visuels. Ces chiffres montrent à l'évidence que les journaux ont la part congrue des budgets de publicité des partis. En effet, dans *La Presse* et *Le Devoir*, nous n'avons retrouvé qu'une seule page de publicité payée par le Parti conservateur. Les partis ont par ailleurs acheté de la publicité dans les journaux de quartier ou de région qui sont très lus.

Afin d'empêcher qu'il y ait de trop grandes disparités entre les partis et de favoriser la libre circulation des informations, la loi règlemente le temps d'émission que peut acheter un parti politique. La loi impose d'abord à tous les radiodiffuseurs l'obligation de libérer six heures et demie de temps d'émission, aux heures de grande écoute (article 99.1). Elle prévoit ensuite des critères de répartition entre les partis enregistrés et représentés à la Chambre des communes. Le temps d'antenne payant dont peut disposer un parti est ainsi établi selon le pourcentage des sièges obtenus et le pourcentage de voix recueillies par chaque parti à la dernière élection générale. Aucun parti ne peut accaparer plus de 50 pour cent du temps d'émission libéré et ne peut acheter plus de temps que ne lui en attribue les critères de répartition.

La répartition du temps se fait à l'occasion d'une rencontre des représentants des partis enregistrés. Cette réunion eut lieu le 28 mai 1984. Six partis y participèrent et eurent droit à du temps «achetable». Les six heures et demie furent réparties de la façon suivante:

| | |
|---|---|
| Parti libéral | 173 min. |
| Parti conservateur | 129 min. |
| NPD | 69 min. |
| Parti rhinocéros | 8 min. |
| Parti communiste | 5,5 min. |
| Parti libertarien | 5,5 min. |

Les absents ayant toujours tort, les autres partis ne purent acheter de la publicité payante, ce qu'ils n'auraient probablement pas été en mesure de faire même s'ils avaient eu cette possibilité.

Outre ces six heures et demie, l'article 99.21 de la loi prévoit que chaque radiodiffuseur doit offrir en plus des périodes de temps gratuites au moins équivalentes à celles accordées à l'élection précédente. Ce temps a été distribué de la façon suivante:

Tableau V
Distribution des périodes gratuites selon les réseaux

| PARTIS | RÉSEAUX | | |
|---|---|---|---|
| | R-C TV (fran.) CTV CBC-TV (Angl.) | R-C MA CBC AM | TVA Radiomutuel Télémédia |
| Libéral | 87,0 | 49,7 | 24,9 |
| Conservateur | 64,9 | 37,1 | 18,5 |
| NPD | 34,7 | 19,8 | 9,9 |
| Rhinocéros | 4,9 | 2,3 | 1,1 |

| Autres* | 2,75 | 1,6 | 0,8 |
| Total en minutes | 210 | 120 | 60 |

source: Annexe «J» du *Rapport statutaire du directeur
général des élections*, Ottawa, 1984, p. 87
* 7 autres partis

La loi électorale canadienne prévoit aussi à l'article 13.7
qu'un parti politique ne peut faire de publicité radiodiffusée
«entre le jour de l'émission des brefs d'une élection et le di-
manche qui tombe le 29e jour avant le jour du scrutin ou la
veille du scrutin». (*Loi électorale canadienne*, Ottawa,
Directeur général des élections, 1984, p. 40) Toute infraction
à cette loi entraîne une amende de 25 000 $ ou plus. En
conséquence, notre étude couvre donc la période du 6 août au
2 septembre 1984.

Nous avons distingué pour les fins de cette analyse deux
formes de publicité: la publicité sous forme de messages éclair
et la publicité de longue durée produite pour occuper le temps
d'antenne mis gratuitement à la disposition des partis
politiques.

## LES MESSAGES ÉCLAIR («SPOT») DU PARTI LIBÉRAL

Le message éclair ramasse en quelques secondes (30 ou
60 selon les cas) les idées forces d'un parti. Il s'agit du
matériau le plus pauvre de la propagande politique mais, en
même temps, c'est le plus efficace. Il est évidemment impossible en un si court laps de temps de développer une argumentation élaborée. Le message éclair ne permet pas au candidat de se prononcer sur le fond des questions. Mais par leur
contenu synthétique et leur très grande fréquence de diffusion, les messages éclair imposent l'image de marque d'un
parti.

Les spécialistes ont identifié quatre types de messages
publicitaires. Le premier type est la publicité de majesté qui
est centrée sur la promotion du chef. La publicité informative
définit les objectifs du parti et vise à faire connaître les

98

réalisations ou les promesses du parti. La publicité d'agression consiste à dénoncer les politiques du parti adverse. Elle vise habituellement à provoquer le mécontentement des électeurs envers le parti au pouvoir. Elle utilise des images fortes, des caricatures pour susciter l'ironie, la dérision, la crainte ou l'indignation. Enfin, la publicité de connivence cherche à rapprocher le locuteur et le récepteur. Elle identifie la clientèle cible et fait appel à des citoyens qui en proviennent pour susciter des appuis au dirigeant ou aux politiques du parti. (Voir Mireille Babaz, *Le Rôle de la publicité dans les campagnes électorales britanniques*, Paris, H. Champion, 1980, p. 465-470) Ces différentes dimensions peuvent se retrouver simultanément dans un même message publicitaire.

Il y a des différences significatives dans le contenu de la publicité télévisée du Parti libéral et celle du Parti conservateur. Les libéraux et les conservateurs ont diffusé chacun six messages différents si on inclut un message consacré entièrement à Turner et un autre à la chanson thème des conservateurs. Les messages libéraux identifiaient et visaient cinq publics-cibles: les femmes, les jeunes, les travailleurs, les agriculteurs et les personnes âgées. Les conservateurs quant à eux n'ont pas segmenté le marché, leur message s'adressait à la population québécoise en général et présentait les problèmes laissés en plan par la gestion libérale: la recherche et le développement, le climat de confrontation entre Ottawa et les provinces, la relance économique, le Québec, le changement et les richesses naturelles du Canada. Il est à remarquer par ailleurs que les deux partis ne font aucune référence aux travaillleurs syndiqués et qu'ils ne font nullement référence aux problèmes écologiques. Dans l'ensemble, les libéraux ont plus misé sur une publicité de connivence et d'information alors que les conservateurs ont surtout utilisé la publicité d'agression et de majesté.

Tous les messages libéraux ont la même structure. Ils commencent par une accroche qui montre le chef en premier plan avec à l'arrière-plan une vue de la ville de Hull où flotte un drapeau canadien. Le chef identifie alors le public visé par une courte phrase comme «Les femmes du Québec savent ce qu'elles veulent». On enchaîne avec une série de six témoignages de personnes qui représentent le public-cible. Les libéraux ont choisi de personnaliser la relation de communication en mettant en scène uniquement des individus, jamais de foule, et en utilisant la technique du gros plan. Chaque intervenant est identifié par son nom et sa profession, ce qui devait créér un climat de connivence entre le public-cible et le message.

Le choix de ces interlocuteurs visait aussi à montrer que le Parti libéral favorisait l'égalité entre les hommes et les femmes.On peut en effet constater que dans les cinq messages ciblés, il y a un total de quinze hommes et de quinze femmes qui prennent la parole. Deux messages divergent du modèle de parité: celui réservé aux agriculteurs où il n'y a aucune femme et celui consacré aux femmes où il y a un seul homme mais qui reste silencieux à côté de sa femme. On retrouve aussi dans chaque message des jeunes et des personnes âgées qui témoignent de leur solidarité avec les problèmes vécus par les jeunes. Chaque message se termine par une intervention de John Turner qui affirme: «Ensemble passons vite à l'action». Nous allons procéder à une analyse thématique plus détaillée de chacun de ces messages.

La référence à l'économie est omniprésente, la présentation de ce thème étant modulé selon les différentes attentes des publics visés. Aux jeunes, on laisse miroiter un programme qui leur permettra d'accéder au marché du travail et d'acquérir de l'expérience. Aux femmes, on promet l'égalité des chances et un salaire égal à travail égal. Aux agriculteurs, on offre des programmes d'aide pour encourager la ferme familiale et préparer la relève. Aux personnes âgées, on garantit le maintien des pensions de vieillesse. Dans ce message qu'on qualifie d'omnibus, on introduit aussi une référence à la mission de paix de Pierre Trudeau. Enfin, le message le plus paradoxal est celui qui s'adresse aux travailleurs. Il n'y a qu'un seul interlocuteur qui est identifié comme travailleur, les trois autres étant des chefs d'entreprise qui vantent le rôle de la PME. On ne trouve aucune allusion aux conditions de travail ou à l'assurance-chômage.

Turner cherche à projeter une image de force, d'expérience et de confiance. Ce message est porté par la voix d'un intervenant qui dit: «Moi, je vais voter pour monsieur Turner parce que c'est un homme qui a fait ses preuves dans le passé, c'est un homme compétent, c'est un homme d'action.» Les messages insistent aussi sur l'esprit d'équipe qui marque le nouveau leadership libéral. Tout en se réclamant de l'héritage de Pierre Trudeau pour la recherche de la paix, les stratèges libéraux voulaient montrer à l'électorat que le parti avait changé avec l'élection d'un nouveau chef qui se voulait moins distant et plus chaleureux que son prédéceseur. Cet appel à l'esprit d'équipe se retrouve dans la conclusion de tous les messages où Turner dit: «Ensemble, passons vite à l'action». Ce slogan pouvait aussi signifier un appel à la solidarité adressé aux partisans québécois de Jean Chrétien qui, déçus par la récente course à la chefferie, pouvaient se montrer tièdes envers leur nouveau chef. Le «passons vite à l'action» veut sans doute souligner le dynamisme de l'équipe libérale mais cela laisse aussi à entendre qu'il y a des problèmes urgents à résoudre, ce qui interdit au parti de pavoiser avec le bilan de ses réalisations. Le message est donc plus tourné vers l'avenir, avenir qu'on veut construire dans la continuité.

### LES MESSAGES ÉCLAIR DU PARTI CONSERVATEUR

Les stratèges conservateurs étaient bien décidés à ne pas commettre l'erreur faite à l'élection de 1979 où on leur avait reproché leur publicité trop négative diffusée dans le message intitulé «Coupable». Ils jugèrent qu'il n'était pas nécessaire d'attaquer le chef du Parti libéral et d'en faire la vedette de leur publicité. «Ce n'est pas nécessaire. Monsieur Turner s'occupe très bien de lui tout seul», expliquait avec ironie Ian Anderson, directeur des communications du parti (Voir *Le Devoir*, 13 août 1984) faisant allusion aux nombreuses gaffes du chef libéral. Les conservateurs ont préféré s'attaquer à la situation économique du pays et aux politiques libérales. Pour ce faire, ils ont utilisé des images très évocatrices.

Les messages du Parti conservateur sont conçus selon le schéma classique de la dramatisation en trois actes. Dans un premier temps, on identifie un problème. Ainsi, pour illustrer la faible performance du Canada en matière de recherche et de développement on présente à l'écran un laboratoire vide et poussiéreux. Puis, intervient Brian Mulroney qui dénonce le responsable: le gouvernement libéral. On présente enfin la conclusion heureuse au problème: «Votons progressiste-conservateur. Avec Brian Mulroney, ça va changer». Cette approche persuasive utilise surtout les ressorts de la publicité agressive et de la publicité de majesté. L'accent est mis sur le chef qui est présenté en situation solitaire lorsqu'il dénonce l'adversaire et en situation de foule lorsqu'il expose les positions du parti.

Le deuxième message est centré sur le thème de la coopération. Il s'ouvre sur une image de gants de boxe qui servait à illustrer le climat conflictuel engendré par le gouvernement libéral. Puis Mulroney intervient seul devant une bibliothèque qui renforce l'image de sérieux en disant qu'il est temps de mettre fin aux discordes. La solution, c'est d'élire Mulroney qui saura créer un climat de coopération entre Ottawa et les provinces et entre les syndicats et le patronat.

Le troisième message s'intitule «Le temps de décider». Le Canada ne va nulle part. Il faut reconstruire l'économie, combattre le chômage. Comment? Par un nouveau chef, un nouveau style. «Brian Mulroney sait écouter, mais il sait aussi décider. Il nous faut une nouvelle équipe forte et compétente.»

Le quatrième message est consacré exclusivement au Québec qui a toujours fait confiance aux libéraux. Mais ceux-ci n'ont pas défendu les intérêts du Québec. Mulroney se présente comme le nouveau sauveur. On mobilise les ressorts du sentiment national et demande aux Québécois de voter pour un des leurs. Roger Nantel, responsable de la publicité des conservateurs au Québec, déclarait à ce propos: «Au Québec, il faut que les Québécois sachent qu'ils ont le choix entre un Québécois et un gars de Toronto.» (*Le Devoir*, 13 août 1984) Les Québécois doivent participer au prochain gouvernement. Sur le plan iconographique, on flatte la fierté des Québécois en présentant l'image du barrage de la Manic. On joue sur le sentiment de connivence en montrant Brian Mulroney constamment entouré, admiré, embrassé et adulé par la foule qui scande son nom. Il est accompagné dans ces bains de foule par Mila Mulroney.

Le cinquième message rappelle que les libéraux sont au pouvoir depuis trop longtemps, que cela ne peut plus durer. Il faut du changement. On revient avec un appel au nationalisme en présentant Mulroney comme un Québécois «aux idées claires... Les Québécois sont solidaires, avec nous ça va changer.»

Le dernier message porte sur les richesses du Canada. Il commence par une image de coffre-fort fermé aux couleurs du drapeau canadien symbolisant l'inefficacité de la gestion libérale. La prospérité reviendra avec les conservateurs qui seront plus efficaces pour favoriser le commerce international et réduire le chômage.

Les messages du Parti conservateur se caractérisent donc par une forte dimension critique à l'endroit du gouvernement sortant, ce qui est normal de la part d'un parti d'opposition. Mais le contenu positif se réfère à une thématique simple: le changement, la relance économique et la fin des confrontations, sans proposer de programmes précis. À cet égard, le discours conservateur est plus vague que le discours libéral. Enfin, le chef occupe une place prépondérante dans la publicité conservatrice alors que son rôle est plus effacé dans la publicité libérale. Mulroney est la plupart du temps représenté en action alors que J. Turner est toujours immobile lorsqu'il parle et ne dit que deux phrases. Ce relatif effacement s'explique sans doute par la piètre qualité de son français et par la chute constante de la popularité du nouveau chef libéral dans l'opinion publique depuis le congrès à la chefferie.

LE TEMPS D'ANTENNE GRATUIT

La loi électorale canadienne oblige les réseaux de radiodiffusion à mettre du temps d'antenne gratuit à la disposition des partis politiques dans le but d'assurer la plus large diffusion possible de l'information politique.

Ce type de message publicitaire est le plus souvent victime de l'exposition sélective, l'auditoire non partisan ayant tendance à s'enfuir sur une autre chaîne, à «pitonner» pour ne pas supporter un message qui peut durer de trois à cinq minutes mises gratuitement à la disposition des partis politiques.

Les publicitaires réagissent à cette tendance en essayant de rendre leur publicité visuellement attrayante afin de conserver l'attention de ces électeurs peu politisés qui peuvent être irrités par cette intrusion des partis politiques dans leur intimité. Ils ont compris qu'ils ne pouvaient pas retenir l'auditoire avec un spectacle de chaises où un quidam en interroge un autre. De nos jours, le style question réponse ou encore le discours à l'emporte-pièce ne convainc personne. Le message politique doit donc se modeler sur les attentes audio-visuelles des téléspectateurs et être conçu comme un spectacle. Fond musical dynamique, déroulement rapide des images, phrases courtes sont devenus la règle. Ainsi, la publicité électorale télévisée ressemble de plus en plus aux vidéo-clips mettant en vedette des chanteurs populaires. Mais tous les partis n'ont pas réussi à s'ajuster correctement à ces nouvelles exigences de la communication politique de sorte que les produits sont très différenciés.

Les libéraux ont préparé et diffusé cinq messages en français de longue durée (3 minutes, 40 secondes) qui pour l'essentiel reprennent les mêmes thèmes et la même structure que dans les messages éclair. Accroche par le chef, série de témoignages plus élaborés, visages en gros plan avec identification professionnelle. Un élément nouveau a toutefois été ajouté: l'intervention des vedettes du parti qui présentent les politiques du parti dans un domaine spécifique: jeunes, femmes, agriculteurs, travailleurs et politiques sociales. Les 32 interventions des candidats vedettes se distribuent de la façon suivante: Jean Lapierre et Lise Thibault reviennent cinq fois, Lucie Pépin, Céline Hervieux-Payette, quatre fois,

Jean Chrétien, Dennis Dawson trois fois, Raymond Garneau, Francis Fox, André Ouellet, Marcel Ostiguy deux fois chacun. Il est à remarquer que le rôle attribué à Jean Chrétien est plutôt modeste. Jean Lapierre et Dennis Dawson interviennent sur le thème des jeunes et proposent des solutions aux problèmes du chômage, André Ouellet fait de même avec les agriculteurs, Francis Fox propose quant à lui «un corridor de cerveaux» et Lucie Pépin préconise l'égalité d'accès pour les femmes au marché du travail. Mais il y a peu de jeu de caméra, hormis les effets de zoom. L'image est statique et froide. On change certes rapidement d'interlocuteur mais on garde la même situation: je suis comme vous et voici ce que je pense. On veut convaincre par l'argument et non par le style. On s'adresse à la raison de l'électeur et non à ses référents culturels ou à ses affects.

Les conservateurs pour leur part ont misé sur la fierté des Québécois et sur les qualités de leur chef. Chacun des sept messages de longue durée préparé par les conservateurs commence par un tourbillon d'images présentant le barrage de Manicouagan, Sept-Iles et Baie-Comeau. On enchaîne avec Brian Mulroney au milieu des siens; un aîné lui disant «J'ai été à l'école avec votre père». Et la voix de Mulroney répond «Baie-Comeau c'est chez moi, c'est ici que sont mes racines». Il s'agissait ainsi de montrer hors de tout doute les origines québécoises de Brian qui, nous dit une voix off, est «un Québécois pure laine». Les stratèges conservateurs ont donc utilisé une mise en scène fortement émotive qui fait appel aux racines et à la solidarité grégaire afin d'amener les Québécois à se reconnaître dans le «nouveau Parti conservateur».

Tous les messages ont été conçus pour mettre Brian Mulroney en évidence. Les cinquante premières secondes de chaque message sont consacrées à la présentation des qualités du chef. Celui-ci fait un de ses discours avec en arrière-plan un immense «Baie-Comeau reçoit BRIAN» curieusement écrit en blanc sur fond rouge. Pendant qu'il se promène dans les rues de sa ville natale, qu'il serre des mains et reçoit des témoignages d'affection, une voix off le présente comme un gars modeste mais qui a gravi les échelons de la réussite et de la compétence: «Conciliateur, avocat, administrateur, président d'une entreprise prestigieuse et enfin chef de la formation politique la plus transformée au Canada, le Parti progressiste-conservateur.» Dans la suite du message, on le voit sur les tribunes, entourés de ses conseillers, visitant des usines. Mila Mulroney fait aussi de nombreuses apparitions aux côtés de son mari qui passe ainsi pour un père de famille heureux et comblé par la vie. Comment ne pas faire confiance à un tel homme?

Par la suite, le cœur du message est réservé aux candidats vedettes du parti qui font 26 interventions qui se répartissent ainsi:

4 fois Lawrence Hannigan

3 fois Marcel Masse, Andrée Champagne et Robert de Cotret

2 fois Roch Lasalle, Jean Charest et François Guérin,

1 fois Pierre H. Vincent, Vincent Della Noce, Monique Landry, Gerry Weiner, Lorraine Duguay, Benoît Bouchard, Guy St-Julien.

Toutes ces séquences sont tournées à l'extérieur, le plus souvent dans un cadre bucolique. Chaque candidat s'adresse à une clientèle-cible choisie sans doute pour correspondre aux caractéristiques socio-économiques de son comté. Il est ainsi cocasse de voir la comédienne Andrée Champagne exposer les politiques agricoles du parti. Mais après tout, les électeurs de son comté avaient peut-être encore à l'esprit le célèbre personnage de Donalda. Nous avons relevé d'autres incongruités, entre autres celle de Pierre-Henri Vincent qui se promet de «mettre la hache dans les cinq cent mille jeunes chômeurs».

Brian Mulroney revient à la fin de chaque message pour apporter la conclusion et dénoncer l'adversaire. Il lance un appel déchirant aux Québécois: «Aidez-nous à dire aux Rouges, le Québec ce n'est plus votre chasse gardée... c'est fini ces folies-là», rappelant ainsi la célèbre formule de Pierre Trudeau. La fin de chaque message se déroule à un rythme effréné car dans les dernières vingt sept secondes défilent pas moins de 23 séquences visuelles, ce montage créant une impression de tourbillon, de changement.

ANALYSE COMPARATIVE DU CONTENU DES MESSAGES

Afin de dégager les lignes de force de cette publicité, nous avons comparé quantitativement le contenu des messages libéraux et conservateurs. Nous avons utilisé la phrase comme unité d'analyse et nous avons classé chacune des phrases selon le type d'énoncé.

Tableau VI
Tableau comparatif des messages longs
des libéraux et des conservateurs

| Types d'énoncé | libéral | | | conservateur | | |
|---|---|---|---|---|---|---|
| | N | % | Rang | N | % | Rang |
| Situation | 20 | 12 | 3 | 14 | 7 | 4 |
| Problème | 8 | 5 | 5 | 12 | 6 | 5 |
| Objectif | 52 | 32 | 1 | 53 | 28 | 1 |
| Politique spécifique | 3 | 1 | 7 | 8 | 4 | 7 |
| Performance passée | 14 | 8 | 4 | 3 | 1 | 8 |
| Qualité (chef ou cand) | 33 | 20 | 2 | 52 | 28 | 2 |
| Référence au parti | 9 | 5 | 5 | 10 | 5 | 6 |
| Adversaire | 2 | 1 | 7 | 9 | 4 | 7 |
| Slogan | 14 | 8 | 4 | 9 | 4 | 7 |
| Autres | 5 | 3 | 6 | 15 | 8 | 3 |
| TOTAL | 160 | | | 185 | | |

Les pourcentages ont été arrondis, ce qui explique que le total n'arrive pas à 100 %.

On remarque d'abord qu'il y a une forte ressemblance dans la structuration du discours. Ainsi, les deux partis consacrent la majorité de leurs énoncés à la présentation de leurs objectifs et de leur chef. Ces deux types d'énoncés représentent 56 % du discours publicitaire conservateur et cette proportion est de 53 % chez les libéraux. Il faut toutefois noter que le Parti conservateur accorde plus d'importance à la mise en valeur de son chef que le Parti libéral qui n'utilise que 20 % de ses énoncés pour présenter John Turner alors que les conservateurs en consacrent 28 % à Brian Mulroney.

Le temps d'exposition des deux chefs est un autre indicateur de la stratégie de communication des deux partis qui varie aussi beaucoup. Ainsi, Brian Mulroney accapare en moyenne 45 % de la durée des messages conservateurs, soit 116 secondes sur les 250 secondes que durent les messages alors que les libéraux n'accordent qu'un maigre 10 % du temps d'antenne à leur chef qui ne fait que de brèves apparitions, soit en moyenne 22 secondes sur un message qui en dure 220.

L'importance accordée aux chefs dans les messages publicitaires confirme la thèse selon laquelle le choix de l'électeur dans le système partisan canadien est beaucoup plus fonction de la personnalité et du style des chefs que des clivages idéologiques entre les partis qui doivent concilier les attentes et les exigences de divers segments de l'électorat. Les auteurs d'*Absent Mandate* (Toronto, Gage, 1984) écrivent à ce propos:

> Instead of providing an opportunity for choice among real solutions to important problems, elections became contests among leaders emphasizing personality and style or became an opportunity to make a statement about the performance of the incumbent government. (p. 13 )

On doit toutefois noter que la présentation des deux chefs dans les messages publicitaires, hormis les différences de visibilité et quelques variantes que nous préciserons plus bas, met en évidence des qualités semblables. Les deux partis insistent sur la compétence, le goût de l'action, le dynamisme, l'esprit d'équipe, l'expérience du milieu des affaires. Alors que John Turner est présenté comme l'homme de la continuité et du renouveau, les conservateurs proposent une image sans ambiguïté de leur chef qui est décrit comme l'homme du changement. On insiste aussi beaucoup sur l'identité québécoise du chef conservateur et sur ses talents de conciliateur et de négociateur. Enfin Mulroney est présenté comme le petit Québécois qui a réussi dans le monde des affaires, qui s'est fait lui-même. C'est un gagnant.

On doit aussi constater que les partis cherchent plus à donner une bonne image d'eux-mêmes qu'à critiquer leur adversaire puisque ce type d'énoncés arrive en 7ᵉ position dans les deux cas. Les libéraux s'en prennent aux fausses promesses des conservateurs dans le domaine social et ces derniers dénoncent l'incurie économique et l'arrogance du gouvernement sortant qui, au dire de Brian Mulroney, «a gaspillé les ressources, éparpillé l'héritage, hypothéqué l'avenir».

Autre fait saillant de cette analyse quantitative: les partis sont avares d'engagements précis. Il font peu de références à des politiques spécifiques, préférant les déclarations d'objectifs qui sont plus vagues. Ce phénomène ne résulte pas nécessairement d'un calcul cynique de la part des stratèges; il s'explique sans doute par la durée relativement courte de ces messages qui ne laissent pas suffisamment de temps pour élaborer sur les politiques partisanes. Il faut aussi rappeler que ces messages ne cherchent pas tant à convaincre ou à convertir des opposants qu'à renforcer les attitudes des sympathisants et à attirer l'attention des indécis. Dans les deux cas, les énoncés de politique spécifique arrivent quasiment au dernier rang.

Nous avons observé que les agriculteurs ont droit à un traitement de faveur de la part des deux partis qui sont beaucoup plus spécifiques à leur endroit et qui proposent des politiques semblables. Ainsi les conservateurs leur promettent:
- l'exemption de la taxe sur les gains de capitaux pour la vente des terres;
- l'élimination de la taxe de vente sur les carburants;
- la réduction des taux d'intérêt pour favoriser l'achat des terres par les enfants d'agriculteur;

- la création d'obligations agricoles dont les revenus ne seront pas imposables;
- un meilleur financement des écoles d'agriculture.

Les libéraux abordent sensiblement les mêmes thèmes et offrent un programme de stabilisation des revenus agricoles et un programme d'aide pour les jeunes qui veulent se lancer en agriculture.

Les aînés sont la deuxième clientèle-cible qui a droit à des engagements spécifiques. Les conservateurs leur promettent le maintien de la sécurité du revenu et la réduction de l'âge d'admissibilité à la rente pour le conjoint survivant de 65 à 60 ans. Madame Gabrielle Bertrand viendra dire qu'il est impensable qu'un gouvernement conservateur effectue des compressions budgétaires dans les programmes sociaux et dans le régime de retraite.

Les libéraux quant à eux mettent en doute la bonne foi des conservateurs à l'endroit des programmes sociaux et rappellent à l'électorat âgé qu'ils ont été généreux dans le passé. «Nous les pensionnés, déclare l'un d'eux, les libéraux nous ont toujours protégés et je pense qu'ils vont continuer de le faire.» John Turner déclare pour sa part: «Les programmes sociaux font partie de l'héritage libéral. J'y crois profondément et je m'engage à les maintenir.»

Aux femmes, les deux partis proposent l'accès aux plus hauts postes et l'égalité dans l'emploi mais rien de très précis. Il faut toutefois noter que les libéraux insistent beaucoup plus que les conservateurs sur ce thème qui revient à 11 reprises dans les messages libéraux contre seulement 4 fois dans ceux du Parti conservateur. Les libéraux donnent aussi plus souvent la parole à leurs candidates que les conservateurs, 13 fois contre 5 fois.

Les deux partis accordent une très grande importance au problème du chômage chez les jeunes, ce thème revenant à 16 reprises chez les libéraux et à 14 reprises chez les conservateurs. Les deux partis proposent là encore sensiblement la même chose: des programmes accordant des crédits d'impôt aux employeurs qui embaucheront des jeunes afin de les aider à acquérir de l'expérience.

110

C'est en matière constitutionnelle et en politique internationale que l'on trouve les plus grandes différences entre les deux partis. Alors que les libéraux passent sous silence la question constitutionnelle et les relations fédérales-provinciales, les conservateurs en font un de leurs chevaux de bataille, promettant un gouvernement de conciliation qui saura «renouveler l'esprit national et faire renaître le rêve canadien». Mulroney proclame sur les tribunes son ambition de mettre fin aux discordes et de bâtir un nouveau consensus national. Il promet aux Québécois une place importante dans le gouvernement conservateur.

Cette différence se traduit quantitativement par la présence de 9 références au Québec dans les messages libéraux, mais il s'agit d'expressions neutres comme «les femmes du Québec», «les agriculteurs du Québec», etc. Chez les conservateurs, nous avons dénombré 29 références au Québec. Le message des conservateurs est à saveur fortement nationaliste puisqu'on utilise l'expression «Le Québec» au sens d'entité nationale et que Mulroney n'hésite pas à interpeller ses auditeurs en les désignant comme des «compatriotes québécois», reconnaissant de ce fait le sentiment d'identité nationale québécois.

Les conservateurs se distinguèrent aussi des libéraux en se montrant plus sensibles à la fierté de l'appartenance régionale. Brian Mulroney fit un savant dosage d'auto-définition, se présentant à la fois comme un petit gars de Baie-Comeau, un Québécois pure laine et un Canadien. Les autres porte-parole du parti n'hésitèrent pas à identifier leur région d'appartenance afin de montrer que le Parti conservateur proposait des solutions adaptées aux besoins des différentes régions du Québec. Benoît Bouchard témoigna pour le Saguenay-Lac-Saint-Jean, Andrée Champagne pour Saint-Hyacinthe, Guy Saint-Julien pour l'Abitibi, Robert de Cotret pour Berthier, Jean Charest pour Sherbrooke, Jean Guérin pour l'Estrie. Les libéraux, quant à eux, à l'exception d'une allusion à la grande région de Montréal, ne firent aucune référence aux réalités ou aux différences régionales, préférant plutôt miser sur les solidarités sociales et professionnelles, ce qui accentuait le caractère abstrait de leur discours.

En politique internationale, la situation est inverse. Les conservateurs n'abordent cette question qu'à deux reprises; Marcel Masse préconisant la coopération entre les peuples pour favoriser la paix et Lorraine Duguay insistant pour accentuer la présence canadienne dans les pays de la francophonie. Par contre, le thème de la paix et du désarmement est évoqué à 12 reprises dans la publicité libérale qui tente de capitaliser sur la mission de paix entreprise par l'ex-Premier ministre libéral dans les derniers mois de son mandat. Ce thème est presque aussi important que la création d'emplois et l'égalité des chances pour les femmes, ce qui correspondrait selon les catégories de Ronald Ingelhart à un virage post-matérialiste de la part du Parti libéral. (Voir *The Silent Revolutions*, Princeton, Princeton University Press, 1977)

Sur le plan des objectifs économiques, les deux partis ont des positions convergentes. Ils se proposent de travailler à la relance économique, de favoriser la petite et moyenne entreprise, de susciter un climat de concertation entre les agents économiques, de stimuler la création d'emplois, surtout pour les jeunes, d'intensifier l'effort de recherche et de développement et d'améliorer les relations commerciales du Canada. Les deux partis n'abordent pas explicitement la question du déficit fédéral, les libéraux mentionnant une fois que le Canada éprouve des «difficultés financières» et les conservateurs faisant pour leur part allusion «à l'avenir hypothéqué» et promettant une gestion plus efficace des fonds publics.

Cette analyse du discours publicitaire nous montre que les partis cherchent à répondre aux problèmes à court terme des électeurs en leur proposant des objectifs pragmatiques. On voit ainsi que la publicité électorale reflète la nature particulière du système partisan canadien qui a été caractérisé comme un système de courtage (Voir H. Clarke et *alii*, *Absent Mandate*, Toronto, Gage, 1984, p. 10-14) où les partis ne s'opposent pas selon des lignes idéologiques clairement définies mais cherchent plutôt à se différencier par leur style de leadership et par la capacité de leurs chefs de réunir une large coalition. La nécessité de construire ces coalitions oblige les partis à tenir un discours souple, se conformant aux aspirations d'une pluralité de segments de l'électorat. Nous avons observé que les deux partis se disputent les mêmes clientèles électorales et définissent de la même façon leur public-cible: les jeunes, les femmes, les personnes âgées, les gens d'affaires et les agriculteurs. Les deux partis proposent aussi des politiques pragmatiques qui cherchent à rejoindre plusieurs segments de l'électorat. Ainsi le programme «Première chance» des libéraux s'adresse à la fois aux jeunes chômeurs et aux hommes d'affaires; les conservateurs adoptent la même combinaison. Cette politique combinatoire s'adresse aussi aux jeunes et aux femmes, aux femmes et aux personnes âgées. Il s'agit donc de faire d'une pierre deux coups et de rejoindre deux électorats avec la même politique.

CONCLUSION

L'analyse comparative de la publicité télévisée des deux principaux partis canadiens indique que la thèse du blanc bonnet bonnet blanc, tout en s'avérant fondée, doit être nuancée, car nous avons constaté que le Parti libéral et le Parti conservateur se distinguent autant par le style que par le contenu de leurs messages publicitaires. L'électorat canadien est d'ailleurs fortement divisé sur la question du mimétisme des partis politiques puisqu'un sondage Gallup, réalisé avant la campagne électorale entre les 28 et 30 juin 1984, révélait que 45 % des Canadiens estimaient qu'il y avait des différences significatives entre les partis alors que 46 % pensaient au contraire que les partis canadiens se ressemblaient. Ceux qui s'identifient à un parti ont tendance à penser qu'il y a une différence alors que ceux qui n'ont pas d'identification partisane n'en voient pas.

Notre étude démontre que cette divergence de perception est justifiée dans la mesure où effectivement nous avons identifié dans les discours publicitaires des deux partis, discours qui sont les plus exposés au public-électeur, des thèmes de convergence et de divergence. Si les deux grands partis canadiens se ressemblent quant à leurs objectifs économiques et sociaux, ils se différencient nettement toutefois par l'importance qu'ils accordent respectivement aux questions constitutionnelles et internationales. On doit aussi souligner certaines nuances de sensibilité puisque nous avons remarqué une plus grande ouverture aux femmes chez les libéraux que chez les conservateurs alors que ces derniers se montrent plus ouvertement favorables à l'entreprise privée que les libéraux. Il s'agit bien sûr ici de nuances et non pas de différences. Enfin, les conservateurs se montrent plus sensibles aux préoccupations régionales.

Le style des messages publicitaires est aussi contrasté. La stratégie de communication des conservateurs était fortement centrée sur la personnalité du chef, sur son enracinement symbolique et sur l'appel à la fierté québécoise et à la solidarité nationale alors que celle des libéraux reposait sur les intérêts socio-professionnels des clientèles cibles identifiées. Les conservateurs ont aussi privilégié un style rapide, dynamique, entraînant pour créer une impression de changement qui était le thème central de leur campagne. Les libéraux, pour leur part, ont misé sur une communication statique et directe cherchant à créer une relation personnalisée avec le public-cible.

Si on utilise le choix des électeurs comme critère d'efficacité, nous sommes forcés de conclure que les électeurs sont plus réceptifs aux messages faisant appel aux sentiments et qu'ils sont moins influencés par les opinions de ceux qui ont les mêmes caractéristiques socio-économiques qu'eux, ce qui confirmerait le terrible jugement de sir Wilfrid Laurier qui a déjà dit à Henri Bourassa: Mon cher Henri, la province de Québec n'a pas d'opinion, elle n'a que des sentiments.» Il voulait sans doute signifier par là qu'un groupe minoritaire par réflexe défensif préfère faire confiance à un des siens pour le représenter même si cette stratégie peut s'avérer illusoire.

# Chapitre 6

## Le programme politique
## du Parti conservateur

Lorsque nous avons amorcé cette recherche, nous avions l'intention de comparer de façon systématique les programmes politiques, les discours électoraux et la publicité télévisée des deux grands partis canadiens avant de procéder à l'analyse comparée des promesses et des réalisations gouvernementales. Pour être rigoureuse, une comparaison doit reposer sur des corpus similaires; or, après de longues et infructueuses recherches, nous avons dû abandonner l'idée d'appliquer cette logique d'analyse aux programmes politiques.

En effet, après de nombreuses démarches auprès de députés libéraux et de la permanence nationale du parti à Ottawa, nous avons dû nous rendre à l'évidence: le Parti libéral du Canada n'avait pas de programme politique aux élections de 1984, il ne pouvait mettre à la disposition du public un document présentant les positions du parti sur un ensemble de domaines. On nous expliqua que ce furent les discours de John Turner et les communiqués de presse qui tinrent lieu de programme à cette élection. Ces documents ne sont évidemment pas assez systématiques et précis pour tenir lieu de programme et être comparés au document préparé par le Parti conservateur et intitulé «Politique atout 84». Pour cette raison, nous avons décidé de limiter notre recherche au programme du Parti conservateur, ce qui modifiait la problématique. Au lieu d'évaluer le degré de mimétisme entre les partis, nous tenterons plutôt de déterminer s'il y a déperdition dans le processus de communication politique en comparant le programme aux discours électoraux afin d'identifier les politiques énoncées dans le programme mais qu'on a passées sous silence durant la campagne électorale. Autrement dit, le discours électoral est-il fiable? Dans quelle mesure y a-t-il correspondance entre les énoncés de politiques contenues dans le programme et les déclarations des porte-parole du parti durant la campagne électorale? Nous ferons aussi à l'occasion une comparaison entre l'idéologie du Parti conservateur canadien et celle d'autres partis conservateurs occidentaux.

## LES ÉTUDES SUR LES PROGRAMMES POLITIQUES

Au Canada, on trouve peu de recherches exhaustives sur les programmes des partis politiques. Certes, les politologues y font référence dans leurs travaux sur les partis politiques ou encore sur les élections, mais on trouve rarement des analyses détaillées de la propagande électorale. Cet objet d'analyse semble victime d'ostracisme ou de préjugé négatif, car on estime dans les études spécialisées que les programmes sont peu lus, peu fiables et qu'ils ont peu de portée pratique. On croit généralement qu'une fois l'élection passée, les partis oublient leur programme et leurs déclarations et que de toute façon il y a peu de différences entre eux.

Ce dernier point de vue est largement répandu et fait la quasi-unanimité des analystes de la vie politique dans les systèmes bipartistes où on qualifie les différences entre les partis de blanc bonnet bonnet blanc. La concurrence sur le marché des électeurs dans le cadre d'un système électoral majoritaire à un tour forcerait les partis à se rapprocher de l'électeur médian et à se ressembler dans la définition de leurs politiques. C'est la thèse qu'enseignent les manuels de science politique au Canada et que résument bien les auteurs de *Absent Mandate*:

> Canada's brokerage party system provides ordinary citizens with relatively few opportunities to choose among competing policies designed to alleviate important social difficulties. The persistent failure of major political parties to present voters with distinctive, well-defined policy platforms turns the electoral process into more of a spectator sport for those who enjoy political "horseraces" than an exercise in informed citizen participation. (H Clarke et *alii.*, *Absent Mandate*, Toronto, Gage, 1984 p. 34)

Les partis préfèrent centrer l'intérêt de l'électeur sur les qualités de leur chef et orienter les débats sur les questions de l'heure plutôt que de leur offrir des options fondamentales nettement différenciées idéologiquement. Pour ces auteurs, l'absence d'enjeux majeurs explique les sentiments négatifs des citoyens envers les hommes politiques et leur désintérêt pour la chose publique. Tout en acceptant ce point de vue général, il y a toutefois des auteurs qui accordent une certaine importance aux programmes politiques et qui nuancent la portée de la thèse du mimétisme. Ainsi, Vincent Lemieux, qui a été l'un des pionniers de l'étude des programmes électoraux au Québec, relève dans son étude comparative des programmes de l'Union nationale et du Parti libéral de 1956, 1960, 1962 et 1966 des éléments de similitude et de différenciation. Sans se prononcer sur le degré de convergence idéologique entre les partis, Lemieux constate que:

> les plate-formes sont généralement conformes à l'image que le parti donne de lui-même auprès des électeurs et que cette image qui renvoie à ce que le parti a fait et à ce qu'il se propose de faire, constitue un facteur important des résultats électoraux, et plus précisément des déplacements qui se produisent d'une élection à l'autre (*Quatre élections provinciales au Québec*, Québec, Presses de l'Université Laval, 1969, p. 66)

117

Stephen Clarkson, dans son étude du programme des libéraux ontariens à l'élection de 1971, reconnaît que les programmes ne servent pas au choix du citoyen, mais il a mis en évidence une autre fonction des programmes politiques. Il a montré que le chef et les candidats se servaient du programme de leur parti pour bâtir leurs discours électoraux. (Voir «Policy and the Media: Communicating the Liberal Party Platform in the 1971 Ontario Election Campaign», texte présenté au congrès de l'ACSP à Toronto, juin 1974)

Daniel Latouche a, pour sa part, étudié les programmes des partis à l'élection québécoise de 1973. S'il a observé que les partis abordaient sensiblement les mêmes thèmes, il a toutefois constaté que le Parti québécois se différenciait nettement des autres partis par l'importance qu'il accordait à la question nationale. Cette analyse concluait qu'il y avait des différences idéologiques importantes entre le Parti québécois et les autres partis et que les programmes étaient de bons révélateurs des orientations idéologiques des partis. (Voir «Le contenu thématique et l'orientation idéologique des programmes électoraux», dans *Le Processus électoral au Québec*, Montréal, HMH, 1976, p. 136 et 142) Plus récemment, Réjean Landry et Paule Duchesneau ont mené une vaste enquête sur les programmes des partis québécois de 1960 à 1981. Par l'analyse de contenu de ce qu'ils appellent «des offres d'interventions gouvernementales», ces auteurs tentent de démontrer, entre autres choses, que les différences programmatiques entre les partis dépendent du caractère imparfait des informations dont disposent les hommes politiques. Mais l'approche coût-bénéfice qu'ils emploient les entraîne très loin de notre problématique, car ils s'intéressent principalement aux stratégies de choix des partis et aux relations entre parti et électeurs afin d'évaluer qui est avantagé par les politiques gouvernementales et comment sont distribués les coûts. (Voir «L'offre d'interventions gouvernementales aux groupes», *Revue canadienne de science politique*, sept. 1987, p. 525-552)

L'étude la plus systématique des programmes politiques

des partis canadiens a été réalisée par William P. Irvine qui a étudié treize élections de 1945 à 1980. Il a constaté que l'ampleur des programmes écrits avait tendance à diminuer et que les partis délaissaient de plus en plus les plate-formes électorales dans leur stratégie de communication au profit des moyens électroniques de diffusion: «Platforms are more and more difficult to find in Canadian elections». («Canada 1945-1980: Party Platforms and Campaign Strategy», dans I. Budge et *alii.*, *Ideology, Strategy and Party Change*, Cambridge, Cambridge University Press, 1987, p. 74) Ce constat s'est vérifié encore une fois dans le cas du Parti libéral en 1984. Cette «négligence» semble être une constante pour le parti au pouvoir puisque de 1945 à 1980, les libéraux n'ont produit qu'une seule plate-forme électorale, soit en 1949. Ils ont par ailleurs produit trois manifestes électoraux lorsqu'ils étaient dans l'opposition, soit en 1958, en 1962 et en 1963. La tendance à produire un programme électoral caractériserait donc les partis d'opposition, les partis gouvernementaux se contentant d'offrir à l'électeur les discours du chef et des dépliants publicitaires.

Le Parti conservateur, ayant été longtemps confiné à un rôle de parti d'opposition, semble accorder plus d'importance à la production d'un programme électoral. À la différence, toutefois, des partis à vocation idéologique, les membres de ce parti ne sont pas appelés à se prononcer sur le programme de leur parti, car celui-ci est conçu par une équipe de spécialistes. Irvine décrit ainsi la procédure d'élaboration du programme au Parti conservateur:

> The typical pattern is for the office or the outside expert to draft a position paper for the party leader. When the document meets with his approval, it is presented to the parliamentary caucus for modification and approval, and subsequently again filtered by a campaign committee. (*Ibid.*, p. 75)

L'analyse d'Irvine compare les positions des partis dans sept domaines: les relations extérieures, la liberté et la

démocratie, la structure gouvernementale, la politique économique, la politique sociale, la vision de la bonne société, les
groupes sociaux visés. Ces catégories ont été construites pour
les fins d'une recherche portant sur les programmes électoraux dans 19 pays démocratiques.

Irvine constate en premier lieu que ce sont les politiques
économiques qui prédominent, puis arrivent au second rang
les politiques sociales et en troisième position les références
aux groupes bénéficiaires des actions gouvernementales. (p.
78) Cet ordre hiérarchique ne varie pas beaucoup d'un parti à
l'autre. Toutefois, les conservateurs se distinguent en accordant une plus grande importance aux politiques économiques
alors que le NPD se démarque par une plus grande importance accordée aux politiques sociales et aux relations internationales. Il constate aussi que les partis ont tendance à
s'ignorer réciproquement dans leurs plate-formes où on
trouve peu de références négatives ou de dénonciations des
autres partis. (p. 79) Budge a estimé pour sa part qu'il n'y
avait que 7 % du contenu des programmes qui était consacré
à l'adversaire. Enfin, Irvine conclut son étude en confirmant
le modèle de la convergence des partis dominants qui tendent
à se rapprocher de l'électeur médian.

## LE CONTENU DU PROGRAMME CONSERVATEUR

Conformément à la méthode d'analyse employée par
l'équipe dirigée par I. Budge, nous avons retenu la phrase
comme unité d'analyse du contenu du programme conservateur. Ainsi, chaque phrase a été codifiée selon deux grilles
d'analyse différentes: la grille utilisée pour décrire précédemment les diverses composantes du discours électoral et celle
utilisée pour évaluer l'importance relative accordée aux
différentes missions de l'État.

Nous avons distingué ainsi les diverses composantes du
discours électoral: l'identification des problèmes, la définition des objectifs et des valeurs recherchés par le parti, les
propositions de politiques spécifiques qui définissent une
mesure concrète pour atteindre un but ou une intention

législative, la présentation des qualités du parti ou de ses dirigeants, les critiques des adversaires et enfin une catégorie résiduelle qui inclut des constats de situation et des phrases de liaison sans connotation particulière. Ces diverses composantes se répartissent de la façon suivante dans le programme du Parti conservateur:

Tableau VII
Les composantes du programme conservateur

|  | N | % | Rang |
|---|---|---|---|
| Problèmes | 40 | 6 | 4 |
| Buts et valeurs | 189 | 27 | 2 |
| Politiques spécifiques | 75 | 11 | 3 |
| Présentation de soi | 13 | 2 | 6 |
| Critiques des adversaires | 321 | 48 | 1 |
| libéral | (276) | 41 | |
| NPD | (45) | 7 | |
| Autres | 40 | 6 | 4 |
| TOTAL | 676 | 100 | |

Si on en juge par la répartition des composantes du programme conservateur, on doit constater que le climat politique des années 80 se distingue nettement des décennies antérieures, car contrairement à ce qu'affirme Irvine sur le caractère marginal des références aux autres partis, le Parti conservateur a copieusement dénoncé ses adversaires libéraux et NPD. Certes, cette dimension critique a été atténuée par la suite dans la stratégie de communication déployée durant la campagne électorale où on a réduit l'importance de la publicité négative, mais le programme a conservé de profondes traces de l'agressivité des conservateurs envers la gestion du Parti libéral. Il est pour le moins surprenant de constater que les conservateurs ont consacré autant d'importance dans leur programme (41 %) à critiquer de façon systématique le bilan du gouvernement sortant plutôt qu'à mettre en valeur leurs propres politiques, soit

40 % (buts 27 %, politiques spécifiques 11 % et présentation de soi 2 %).

Cette inflation critique découle de la structure même du programme. En effet, après avoir exposé les principales raisons de voter pour les conservateurs et celles de ne pas voter libéral ou NPD, les rédacteurs du programme reviennent à la charge dans chaque chapitre en présentant d'abord le bilan du gouvernement libéral et en énonçant par la suite les propositions de rechange. Cette procédure entraînait forcément des redondances quant aux critiques.

L'importance de la composante critique signifie sans doute que pour les conservateurs le programme politique est surtout destiné à la consommation partisane et qu'il sert principalement à mobiliser les troupes et leurs soutiens financiers. Un long séjour dans l'opposition exaspère les attentes des militants et provoque une surenchère de critiques d'autant plus qu'un parti qui est au pouvoir trop longtemps prête facilement le flanc à la critique.

## LA CRITIQUE DU PARTI LIBÉRAL

Si on répartit les nombreuses critiques adressées au Parti libéral selon les secteurs d'activités de l'État, on constate que les conservateurs se sont acharnés sur la gestion gouvernementale et la performance économique du gouvernement.

Tableau VIII
Distribution des critiques selon les missions de l'État

|  | N | % |
|---|---|---|
| Mission gouvernementale | 96 | 35 |
| Mission économique | 91 | 33 |
| Mission sociale | 43 | 15 |
| Mission internationale | 10 | 3 |
| Mission culturelle | 8 | 3 |
| Autres (inclassables) | 28 | 10 |
| Total | 276 | |

Ce tableau confirme encore une fois le peu d'intérêt accordé par les conservateurs aux dossiers international et culturel, ce désintérêt pour les questions internationales étant partagé par l'électorat. Les politiques sociales libérales ne constituent pas non plus la cible privilégiée des attaques conservatrices, cette dimension ne représentant que 15 % des critiques.

Le programme conservateur utilise toute la panoplie des accusations politiques. Il dénonce la malhonnêteté, l'arrogance, l'intransigeance, l'incompétence économique et l'irresponsabilité du gouvernement libéral. En substance, on cherche à convaincre les Canadiens que les libéraux ont fait leur temps, qu'ils ont mal géré l'économie, qu'ils ont laissé la situation de l'emploi se détériorer de sorte que le taux de chômage correspond à celui des années 30, que le déficit a atteint des sommets inégalés, que la valeur de la monnaie a périclité, que les taux d'intérêt élevés étouffent l'économie canadienne.

On tente aussi de miner la crédibilité du discours libéral en rappelant à l'électorat les promesses non tenues du Parti libéral: celle de 1974 de ne pas imposer un gel des prix et des salaires et celle de 1979 de réduire les hausses du prix du pétrole. L'électorat canadien ne devrait pas faire confiance aux libéraux non seulement parce que ceux-ci ne respectent pas leurs engagements mais aussi parce qu'ils cachent leurs intentions:

> Nous n'avons donc aucun moyen de savoir jusqu'à quel point leurs politiques seront nuisibles au pays parce que ce qu'ils diront en campagne électorale n'est pas ce qu'ils feront s'ils reprennent le pouvoir. (p. 5)

Ce recours à l'argument de la fiabilité laisse entendre implicitement que les conservateurs agiront différemment s'ils sont élus.

Les conservateurs attaquèrent tout particulièrement la méthode de gouvernement des libéraux, y faisant référence à 48 reprises, ce qui représente 17 % de toutes les critiques. Ils dénoncent surtout les abus de pouvoir commis à l'endroit des provinces, du parlement et des simples citoyens. On leur reproche le rapatriement unilatéral de la Constitution et on les rend responsables des nombreuses querelles fédérales-provinciales dans le dossier de l'énergie, de l'exploration des ressources off-shore, des soins de santé et des loteries, querelles qui détruisent l'unité nationale. On les accuse aussi d'avoir imposé le système métrique aux Canadiens par un décret plutôt que par un vote du parlement, de ne pas respecter l'indépendance d'organismes comme le Conseil des arts et le CRTC, de favoriser les députés libéraux dans l'allocation des fonds pour la création d'emplois et de harceler les contribuables par le système des quotas imposés par Revenu-Canada.

Le chapitre consacré au NPD prend un ton apocalyptique. On affirme que les politiques économiques du NPD, si elles étaient appliquées, détruiraient à tout jamais l'économie canadienne. Ils augmenteraient les impôts, accroîtraient le déficit, dévalueraient la monnaie, nationaliseraient les banques, provoqueraient la fuite des capitaux, imposeraient le contrôle des changes et aboliraient notre système de défense. Finalement, un vote pour le NPD signifierait augmenter les chances d'un retour des libéraux au pouvoir. On conclut que la seule façon «d'éviter quatre autres années semblables aux vingt dernières est de voter progressiste-conservateur». (p. 7)

Si nous comparons le programme électoral avec le discours électoral, nous constatons d'abord que la dimension critique prend une place prédominante dans le premier cas alors qu'elle tendra à s'estomper durant la campagne électorale. Nous avons aussi observé une autre différence majeure car dans leurs discours électoraux, les porte-parole du Parti conservateur n'ont fait presque aucune référence au NPD, alors que les critiques adressées à ce parti occupent 7 % du contenu du programme conservateur.

## LES OBJECTIFS

Pour les fins de cette analyse, nous avons distingué les objectifs généraux des propositions spécifiques afin d'évaluer le degré d'ambiguïté du discours politique. Comme le veut un célèbre dicton, les écrits restent et les paroles s'envolent; dès lors, on peut supposer que les stratèges électoraux chercheront à éviter les engagements trop spécifiques et préféreront les déclarations vagues, car le programme étant un document écrit et public, il est toujours susceptible de servir de référence pour juger les actions ultérieures du parti si celui-ci est élu. Les partis ont donc intérêt à avoir la plus grande marge de manœuvre possible une fois au pouvoir et pour cette raison, ils auront tendance à privilégier des déclarations de principes qui prêtent à interprétation plutôt que des propositions de politiques trop détaillées. N'est-il pas en effet plus facile de faire valoir sa bonne gestion en s'engageant par exemple à réduire le déficit sans en préciser l'ordre de grandeur? Cette conception pragmatique du programme électoral semble se vérifier dans le cas du Parti conservateur qui a proposé deux fois plus d'engagements vagues que spécifiques (189 contre 75).

Nous avons considéré comme une proposition vague toute phrase qui énonce un principe ou qui affirme un objectif sans le relier à une action, à un moyen, à une politique précise ou encore à une clientèle spécifique. Assurer l'avenir des Canadiens, remettre les Canadiens au travail, assurer l'égalité aux femmes, rendre le Canada compétitif, favoriser la croissance économique, rétablir la confiance des investisseurs, réduire le chômage, réduire le déficit sont les principaux objectifs du Parti conservateur et constituent des exemples typiques de cette composante des programmes politiques. Accroître, encourager, appuyer, renforcer, aider, coordonner, protéger, améliorer sont les principaux mots-clés qui caractérisent ce genre de rhétorique.

La méthode d'analyse que nous utilisons comporte certains inconvénients. En effet, il peut arriver qu'une phrase contienne plus d'une idée. On peut par exemple associer un énoncé de politique à un groupe d'intérêt comme les PME ou encore à un secteur d'activité économique particulier; c'est le cas notamment de plusieurs propositions de réduction fiscale acordée aux PME ou aux entreprises pétrolières. Dans ces cas, nous avons choisi de classer cette proposition sous la rubrique PME ou pétrole et non pas politique fiscale, réservant cette catégorie pour les politiques générales. De même lorsque dans une phrase, on propose d'améliorer le climat des relations fédérales-provinciales afin de favoriser l'unité nationale, nous avons compilé cet énoncé sous la rubrique «relations fédérales-provinciales» et non pas «unité nationale». Enfin, précisons que les chiffres mentionnés ci-après n'indiquent pas le nombre d'engagements *différents* pris par les conservateurs dans chacun des secteurs de l'activité gouvernementale, car un même engagement a pu être répété et avoir ainsi été comptabilisé plusieurs fois. C'est le cas notamment de l'objectif de la coopération avec les provinces qui fut évoqué à plusieurs reprises dans différents chapitres du programme.

Tableau IX

Répartition générale des promesses conservatrices selon les missions de l'État

|  | Vagues | Spécifiques | Total |
|---|---|---|---|
| Mission économique | 62 | 41 | 103 |
| Mission gouvernementale | 62 | 16 | 78 |
| Mission sociale | 29 | 9 | 38 |
| Mission internationale | 16 | 7 | 23 |
| Mission éducative et culturelle | 12 | 2 | 14 |
| Autres | 8 |  | 8 |
| Total | 189 | 75 | 264 |

## Tableau X
### Comparaison des promesses contenues dans le discours et dans le programme conservateur

| | | Discours | Programme vague | spécifique | total |
|---|---|---|---|---|---|
| A | Mission gouvernementale et administrative (total) | 79 | 62 | 16 | 78 |
| A1A | Administration gouvernementale | 4 | 21 | 1 | 22 |
| A1B | Fonction publique | | 6 | 1 | 7 |
| A1C | Administration de la justice | | 6 | 9 | 15 |
| A1D | Développement régional | | | | 2 |
| A1E | Concertation | | 8 | | 8 |
| A2A | Administration financière | | 2 | | |
| A2B | Politique budgétaire (déficit) | 4 | 2 | 1 | 3 |
| A2C | Politique fiscale | 16 | 1 | 2 | 3 |
| A2D | Monnaie et taux d'intérêt | | 2 | | |
| A3A | Relations fédérales-provinciales | 24 | 6 | 1 | 7 |
| A3B | Négociations constitutionnelles | 5 | | | |
| A3C | Charte des droits | 1 | | | |
| A3D | Droits des minorités | 5 | 3 | | 3 |
| A3E | Unité nationale | 14 | 1 | | 1 |
| B | Mission éducative et culturelle | 9 | 12 | 2 | 14 |
| B1 | Éducation et recherche | 4 | 3 | | 3 |
| B2 | Aide à la culture | 2 | 2 | 2 | 4 |
| B3 | Bilinguisme | 3 | | | |
| B4 | Information et communication | | | | |
| B5 | Loisir et sports | | 2 | | 2 |

| Code | | Col1 | Col2 | Col3 | Col4 |
|---|---|---|---|---|---|
| B6 | Immigration | | | | |
| B7 | Multiculturalisme | | 5 | | 5 |
| | | | | | |
| C | Mission sociale (total) | 34 | 29 | 9 | 38 |
| C1 | Programmes sociaux (général) | 4 | 5 | | 5 |
| C2 | Santé | 2 | 5 | 1 | 6 |
| C3 | Sécurité du revenu | | 4 | 2 | 6 |
| C4 | Politique familiale | | | | |
| C5 | Condition féminine | 13 | 10 | 2 | 12 |
| C6 | Aide aux personnes âgées | 6 | 2 | 2 | 4 |
| C7 | Aide au logement | | 2 | 1 | 3 |
| C8 | Protection de l'environnement | 5 | | | |
| C9 | Garderies | 4 | 1 | 1 | 2 |
| | | | | | |
| D | Mission économique (total) | 54 | 62 | 41 | 103 |
| D1A | Situation économique | 2 | 2 | | 2 |
| D1B | Politique économique | 1 | 12 | | 12 |
| D1C | Investissements étrangers | 3 | | | |
| D1D | Privatisation | 2 | | | |
| D1E | Déréglementation | 2 | 2 | 2 | 4 |
| D2A | Agriculture | 3 | 3 | 8 | 11 |
| D2B | Forêt | 8 | 3 | 6 | 9 |
| D2C | Mines | | 2 | 4 | 6 |
| D2D | Pêches | | 6 | 3 | 9 |
| D3A | Ressources énergétiques | 2 | | | |
| D3B | Électricité | | 1 | | 1 |
| D3C | Pétrole et gaz | 7 | 2 | 8 | 10 |
| D4A | Industries pharmaceutiques | 1 | | | |
| D4B | Commerce et services | | | | |
| D4C | Tourisme | | | | |
| D4D | Transport | 1 | 5 | 2 | 7 |
| D4E | Industrie de pointe | 1 | 1 | | 1 |
| D4E | PME | 4 | 5 | | 5 |

| | | | | |
|---|---|---|---|---|
| D5A | Conditions de travail | | 1 | | 1 |
| D5B | Création d'emplois (jeunes) | 11 | 6 | 2 | 8 |
| D5C | Formation de la main-d'œuvre | 5 | 7 | 6 | 13 |
| D5D | Assurance-chômage | 1 | | | |
| | | | | | |
| E | Mission internationale (total) | 17 | | | 23 |
| E1 | Relations canado-américaines | 6 | | | |
| E2 | Paix et désarmement | 2 | 1 | 1 | 2 |
| E3 | Politique de défense | 4 | 6 | 3 | 9 |
| E4 | Aide au développement | 1 | 1 | 1 | 2 |
| E5 | Commerce extérieur | 4 | 8 | 2 | 10 |
| | | | | | |
| Autres | | 8 | | | |

## LES OBJECTIFS ÉCONOMIQUES DU PARTI CONSERVATEUR

Ce sont les préoccupations économiques et les réformes administratives qui dominent le discours programmatique des conservateurs. Encore une fois, les questions internationales, culturelles et sociales sont relativement marginales puisque ces trois secteurs de l'activité gouvernementale ne totalisent que 28 % des propositions de politique contenues dans le programme alors que les engagements économiques et administratifs représentent respectivement 40 % et 30 %. Les conservateurs ont aussi tendance à être plus spécifiques sur les questions économiques que sur les autres (55 % de tous les engagements spécifiques) et ils accordent une plus grande importance aux secteurs des ressources naturelles et de l'énergie qui regroupent 75 % des engagements économiques (31 sur 41).

Les conservateurs canadiens comme leurs homologues britanniques et américains pensent que le leadership de la croissance économique doit revenir à l'entreprise privée. Alors qu'ils étaient dans l'opposition, ils avaient dénoncé l'ineptie de la politique économique libérale pour ses tendances bureaucratiques. Ils soutenaient que la croissance du secteur public nuisait au développement économique du Canada. On reprochait à cet égard aux libéraux un déficit trop élevé, des taux d'intérêt excessifs qui provoquaient les faillites des petites entreprises, leur politique de contrôle des capitaux étrangers qui privait l'économie canadienne d'investissements et nuisait finalement à la création d'emplois. Les conservateurs estiment dès lors que le principal obstacle à la reprise économique et à la création d'emplois est la dette fédérale et que le retour aux lois du marché est le seul remède au chômage. Leur stratégie de développement économique est donc fondée sur une réduction des dépenses de l'État: «Nous réduirons les emprunts du gouvernement pour faire baisser les taux d'intérêt et d'inflation, ce qui est essentiel pour créer un climat de stabilité favorable aux investissements.» (*Politique atout*, 1984, p. 3) Pour favoriser la croissance économique, les conservateurs s'engagent à:

1 - réduire les taux d'intérêt;
2 - adopter des politiques d'investissement nouvelles et réalistes;
3 - réduire le déficit;
4 - augmenter la part du Canada dans le commerce international;
5 - créer des programmes de formation et de recyclage.

Ces objectifs généraux seront rappelés plusieurs fois dans les différents chapitres réservés à l'activité économique.

## L'AGRICULTURE

Les conservateurs ont réservé un traitement de faveur aux agriculteurs en leur consacrant un nombre élevé de promesses spécifiques (8). On a aussi retrouvé précédemment cette tendance dans leur publicité télévisée, ce qui semble indiquer une constante du discours adressé à cet électorat. Dans le programme, ils affirment d'abord trois objectifs généraux:

6 - défendre la ferme familiale;

7 - rétablir une politique laitière à long terme;

8 - aider les agriculteurs à mettre sur pied un système de commercialisation de leur choix.

Ils prennent ensuite les engagements suivants:

9 - abolir l'impôt sur les gains de capitaux;

10 - réduire de 20 cents le prix des carburants agricoles;

11 - créer des obligations agricoles;

12 - élargir le programme de rabais d'intérêt de la Société de crédit agricole;

13 - réviser l'article 31 de la loi de l'impôt sur le revenu;

14 - doubler les limites fixées par la loi sur le paiement anticipé des récoltes;

15 - modifier la loi sur la stabilisation des prix agricoles afin que les paiements soient versés au moment où les agriculteurs en ont le plus besoin;

16 - autoriser l'utilisation des deux systèmes de mesure (métrique et impérial);

17 - modifier le régime fiscal pour encourager l'investissement privé dans le secteur agricole;

18 - accroître la recherche en agriculture.

## L'ÉNERGIE

Il s'agit pour les conservateurs d'un secteur névralgique pour la croissance économique. Tout en se différenciant de la politique libérale qui, disent-ils, ne voyait dans ce secteur qu'une source de revenu pour le gouvernement fédéral, les conservateurs proposent les objectifs suivants:

19 - réaliser l'autosuffisance énergétique;

20 - accélérer la canadianisation;

21 - garder les prix bas.

Ces principes généraux s'accompagnent de propositions d'actions spécifiques:

22 - abolir la taxe de vente fédérale de 9 % sur l'essence utilisée dans tous les secteurs primaires;

23 - établir un régime fiscal qui utilisera les bénéfices

nets comme base d'établissement des cotisations d'impôt;

24 - abolir toutes les taxes applicables au raffinage du pétrole;

25 - protéger les consommateurs contre les hausses de prix subites;

26 - fixer le prix du gaz naturel exporté en fonction du marché;

27 - remplacer les subventions par des crédits d'impôt afin d'encourager les compagnies canadiennes à faire de l'exploration;

28 - abolir la participation rétroactive de l'État qui équivaut à une forme d'expropriation sans compensation;

29 - réduire la dépendance énergétique du Canada en créant un fonds pour encourager les projets les plus rentables;

30 - les conservateurs promirent aussi d'appuyer les initiatives provinciales visant à exporter de l'électricité aux États-Unis.

## AUTRES INDUSTRIES PRIMAIRES

Afin de stabiliser l'industrie de la pêche, les conservateurs promettent:

31 - de mettre fin au favoritisme dans l'attribution des permis de pêche;

32 - de consulter les pêcheurs sur la formulation des politiques;

Ils s'engagent de façon plus précise:

33 - à créer un programme de rachat facultatif des bateaux;

34 - à étendre les aires productives de saumon grâce à un programme d'amélioration des salmonidés.

Dans le secteur forestier, les conservateurs rappellent leur volonté de coopérer avec les provinces et la nécessité de coordonner les rôles de tous les niveaux de gouvernement. Ils proposent:

35 - d'adopter un plan quinquennal;

36 - de créer un ministère des Forêts;

37 - d'accroître les fonds consacrés au Service canadien des forêts;

38 - de créer un programme de mise en valeur des forêts dans les réserves indiennes;

39 - de créer un programme national de stage en foresterie;

40 - ainsi qu'un programme d'exploitation des boisés privés.

Pour stimuler le secteur minier, les conservateurs proposent:

41 - de simplifier la réglementation de l'activité minière;

42 - d'utiliser le régime fiscal pour encourager la prospection en élargissant l'usage des déductions pour amortissement;

43 - de créer un programme d'aide pour les petites sociétés de prospection;

44 - d'établir un régime de pensions transférables pour les mineurs.

Dans le secteur des transports, les conservateurs s'engagent:

45 - à déréglementer le transport aérien;

46 - à mieux contrôler la gestion de Via Rail afin de rétablir les services voyageurs dans l'Ouest et dans les Maritimes;

47 - à geler les tarifs de transport du grain.

Ce chapitre du programme conservateur comprend aussi des promesses vagues comme l'amélioration du transport urbain, l'amélioration du transport ferroviaire, la réduction des accidents mortels aux passages à niveau, objectifs louables mais difficiles à évaluer.

## L'EMPLOI

Alors que le thème de l'inflation avait été au cœur de la campagne fédérale de 1980, celle de 1984 fut centrée sur le thème du chômage, car le Canada avait connu sous le règne des libéraux les taux de chômage les plus élevés depuis la crise des années 30. Cette crise de l'emploi touchait surtout les jeunes de 15 à 24 ans, le taux de chômage de cette cohorte d'âge étant passé de 13,2 à 19,9 %. La solution conservatrice au chômage passait par les allégements fiscaux aux entreprises et par la relance des investissements. Pour améliorer en particulier la situation des jeunes sur le marché du travail, le programme conservateur prévoyait une série de mesures de nature incitative:

48 - encourager les jeunes à poursuivre leurs études;
49 - utiliser les fonds de l'assurance-chômage à des fins de formation;
50 - accorder un crédit d'impôt aux employeurs qui embauchent des jeunes;
51 - créer un registre national de l'emploi;
52 - créer un conseil national de développement des perspectives économiques;
53 - créer des conseils locaux de formation.

Pour remettre les Canadiens au travail et relancer l'économie, les conservateurs misent sur la petite et moyenne entreprise qui, disent-ils, «constituent un élément vital de notre économie» (p. 35). Ils s'engagent donc à:

54 réduire les contraintes bureaucratiques qui entravent leur dynamisme;
55 - les soutenir par la politique d'achat du gouvernement;
56 - réduire le niveau d'imposition de la PME;
57 - leur fournir l'aide de conseillers en gestion.

On peut donc dire que dans l'ensemble, le discours électoral du Parti conservateur a repris les principales propositions contenues dans le volet économique du programme. On retrouve en effet la même insistance sur les engagements en matière d'agriculture et d'énergie et la priorité accordée à la création d'emplois et à la formation de la main-d'œuvre. Il faut toutefois souligner que les mesures prévues dans le programme ne sont jamais chiffrées alors que durant la campagne électorale, les porte-parole du parti étaient plus précis dans leur évaluation des coûts de leurs promesses, voulant sans doute par cette stratégie montrer leur sérieux et séduire les différents électorats sectoriels. Il est par ailleurs intéressant de constater qu'on ne calcule jamais le coût des allégements fiscaux aux entreprises.

### LA GESTION DE L'ÉTAT

Ce thème arrivait au premier rang des préoccupations conservatrices exprimées dans le discours électoral alors qu'il se classe au deuxième rang dans le programme.

Les objectifs généraux des conservateurs en matière administrative et gouvernementale sont les suivants:

58 - limiter la croissance des dépenses gouverne-mentales;

59 - réduire la lourdeur de l'appareil administratif;

60 - consulter les Canadiens et former des groupes d'études;

61 - respecter les juridictions des provinces;

62 - favoriser les initiatives individuelles et les objectifs du secteur privé;

63 - augmenter la productivité de la fonction publique par la création de primes d'encouragement;

64 - respecter les différences régionales.

Le Parti conservateur tente de définir une nouvelle image du gouvernement fédéral qui se caractériserait sous leur gouverne par l'ouverture, l'efficacité, la transparence, l'écoute des citoyens et des régions, attitudes qu'on oppose toutes évidemment à l'arrogance et à l'autoritarisme des libéraux: «Le gouvernement doit rendre des comptes à la population du Canada. Il doit être accessible, honnête et respectueux des besoins et de l'opinion des citoyens.» (p. 27) Conciliation et concertation devaient remplacer la confrontation.

Le programme propose des mesures précises pour atteindre ces objectifs:

65 - revaloriser le rôle du parlement et des députés;

66 - établir un calendrier régulier de présentation des budgets fédéraux;

67 - réduire le délai de déclenchement des élections partielles;

68 - établir des groupes de travail tripartites pour faire participer le secteur privé à l'élaboration des politiques;

69 - accorder la priorité à la révision de la loi d'accès à l'information;

70 - rationaliser les relations entre le gouvernement et les sociétés de la Couronne;

71 - exiger des dirigeants de ces sociétés qu'ils adoptent les critères du secteur privé;

72 - renforcer le mandat du Conseil du trésor;

73 - réduire la réglementation gouvernementale.

Les conservateurs ont aussi consacré un chapitre entier de leur programme à l'administration de la justice. Ils se sont engagés:

74 - à amender le Code criminel pour combattre plus efficacement la conduite en état d'ébriété, la pornographie, la prostitution, etc.;

75 - à reconnaître les droits de la victime et à compenser les préjudices subis;

76 - à réformer le service correctionnel;

77 - à encourager les programmes communautaires de prévention du crime;

78 - à créer un registre central des ordonnances fédérales et provinciales;

79 - à accroître l'aide aux services de counselling;

80 - à aider financièrement les provinces à appliquer la loi sur les jeunes contrevenants;

81 - à établir un service de renseignement efficace;

82 - à modifier la loi sur les secrets et la loi sur les mesures de guerre afin de garantir le respect des libertés civiles;

83 - à appliquer de façon plus rigoureuse la loi sur le divorce afin de faire respecter les ordonnances de Cour.

À l'exception de la question des pensions alimentaires, ces engagements n'ont pas eu d'échos durant la campagne électorale, ils n'ont pas été repris par le discours électoral, ce thème se prêtant mal sans doute aux grandes envolées oratoires.

Le programme conservateur n'aborde que de façon incidente la question constitutionnelle et les relations fédérales-provinciales en préconisant à de nombreuses reprises:

    84 - la reconnaissance des champs de compétence provinciaux en matière économique et sociale et

    85 - la participation des provinces à la définition des politiques nationales.

Même si le nombre de références est important, il n'y a pas à proprement parler de propositions explicites sur le plan constitutionnel. À cet égard, on constate une différence significative avec le discours électoral qui était très explicite, surtout lorsque Joe Clark prenait la parole au Québec. Dans le programme toutefois, on se limite à dénoncer les confrontations et les querelles fédérales-provinciales mais on ne trouve aucune référence au statut constitutionnel du Québec, ni à une éventuelle négociation constitutionnelle.

On propose somme toute de revenir au fédéralisme coopératif en se montrant très discret sur les moyens d'y parvenir.

Les conservateurs s'engagent par ailleurs à respecter les droits des minorités et plus particulièrement ceux des autochtones:

    86 - en mettant fin à leur dépendance économique;

    87 - en réglant rapidement leurs revendications territoriales;

    88 - en cherchant une entente sur la question du gouvernement autonome.

Enfin, on a presque évacué du programme la politique des langues officielles, sujet délicat pour certaines factions de ce parti.

LES PROGRAMMES SOCIAUX

Autant par sa foi dans la libre entreprise, par sa confiance au marché, par ses politiques économiques et sa vision de l'État, le Parti conservateur canadien ressemble à ses homologues français, anglais et américain, autant il s'en démarque par ses politiques sociales, dans lesquelles il tente de justifier la dimension progressiste de son appellation car ce parti se définit comme étant à la fois progressiste et conservateur. Ce parti est donc traversé par des tensions idéologiques dans la mesure où il cherche à appliquer les principes du néo-libéralisme tout en se disant favorable au maintien des programmes sociaux instaurés par ses prédécesseurs qui s'inspiraient d'une philosophie de *welfare state*.

Comme le révélaient les sondages, l'opinion publique canadienne était attachée à la préservation des programmes sociaux de sorte que le Parti conservateur, s'il voulait concurrencer ses adversaires, ne devait pas s'éloigner des positions des autres partis. Il devait lui aussi offrir un programme qui répondrait aux besoins des deux segments les plus importants de l'électorat: les femmes et les personnes âgées. Le maintien de l'accès universel aux services de santé, la préservation du pouvoir d'achat des personnes âgées et l'amélioration de la condition féminine constituent les trois principaux objectifs de la politique sociale conservatrice.

Les conservateurs reconnaissent «le caractère sacré» du régime national d'assurance-santé. Ils s'engagent à «l'améliorer pour qu'il continue de garantir des soins adéquats à tous les Canadiens». (p. 37) Ils se proposent donc:

89 - d'améliorer l'état de santé de tous les Canadiens en axant le régime sur la prévention;

90 - d'affecter des fonds additionnels pour améliorer les services de santé communautaires.

Les conservateurs s'engagent aussi à garantir une retraite sûre à tous les Canadiens. Ils promettent:

91 - d'établir un régime de pension équitable pour les personnes au foyer;

92 - de créer des comptes enregistrés de pensions;

93 - de protéger les pensions contre l'inflation;

94 - de rendre plus équitable le traitement fiscal des épargnes en vue de la retraite.

Les conservateurs s'engagent aussi à promouvoir l'égalité économique et sociale des femmes:

95 - en doublant la représentation des femmes au sein des organes de décision fédéraux;

96 - en aidant les victimes de violence familiale;

97 - en instaurant des programmes de formation et de recyclage destinés à préparer les femmes à exercer les nouvelles professions de l'ère technologique;

98 - en incitant les entreprises qui font affaire avec le gouvernement fédéral à promouvoir l'avancement des femmes;

99 - en créant un groupe de travail pour améliorer l'accès aux garderies;

100 - en renforçant les programmes d'action positive.

Le programme social des conservateurs contient une politique de logement qui promet aux Canadiens des logements convenables à des prix abordables. À cette fin, ils promettent:

101 - de rationaliser les programmes de logement;

102 - de favoriser les logements coopératifs;

103 - d'améliorer le programme d'assurance des prêts hypothécaires.

Ils veulent aussi accroître le rôle du bénévolat:

104 - en remplaçant par un crédit d'impôt la déduction pour dons de charité;

105 - en consultant le secteur du bénévolat sur les politiques de développement communautaires;

106 - en faisant la lumière sur les «activités politiques» des organismes de charité.

La comparaison du programme et du discours électoral nous indique que les conservateurs ont dans l'ensemble respecté leur programme durant la campagne électorale. Sous les attaques répétées des libéraux, ils ont même accordé une plus grande importance à leurs politiques sociales dans leurs discours électoraux en insistant en particulier sur l'amélioration de la condition féminine. Nous avons aussi pu constater que la dynamique électorale les a amenés à introduire le thème de l'environnement qui n'était pas prévu au programme. Nous n'avons en effet repéré aucune proposition à cet égard, ni même l'évocation de ce thème.

### LA MISSION INTERNATIONALE

Pour les conservateurs, il y a un secteur où l'État doit jouer un rôle dynamique, c'est la politique commerciale. Ils misent en effet sur les exportations canadiennes pour assurer la croissance économique. «L'exportation sera la priorité absolue dans nos relations internationales.» (p. 3) Pour ce faire, ils proposent les mesures suivantes:

107 - créer une infrastructure internationale pour le commerce des services;
108 - augmenter le nombre des attachés commerciaux dans les ambassades;
109 - faire du commerce la priorité du ministère des Affaires extérieures;
110 - éliminer les obstacles structurels au commerce et lutter contre le protectionnisme mondial;
111 - développer des politiques régionales d'exportation;
112 - offrir une meilleure aide au financement et à la commercialisation des exportations du secteur agricole et de la petite entreprise.

À l'évidence, les conservateurs n'ont pas caché leur préjugé favorable envers le libre-échange. Ils se sont bien gardés toutefois de préciser les modalités techniques d'un éventuel accord de libre-échange.

Les conservateurs semblent aussi adhérer à une règle bien établie par l'histoire des relations internationales et qui est préconisée par notre voisin américain: qui veut la paix prépare la guerre. Ils ont à cet égard critiqué le laxisme des libéraux en matière de défense, caractérisant leur politique de «véritable honte pour le Canada». Ils proposèrent d'entreprendre une révision complète de la politique étrangère du Canada en se fixant deux objectifs prioritaires:

113 - devenir plus actif dans la recherche de la paix;
114 - renforcer la participation canadienne à l'OTAN et à NORAD;

115 - augmenter les ressources de l'armée canadienne.

Pour atteindre ces objectifs, ils s'engagèrent de façon plus précise:

116 - à publier un livre blanc sur la défense;

117 - à nommer un ambassadeur canadien pour le désarmement;

118 - à augmenter à 0,7 % du PNB d'ici 1990 la contribution canadienne à l'aide au développement;

119 - à augmenter le budget réel de la défense;

120 - à renforcer la présence militaire dans l'Arctique canadien;

121 - à augmenter les effectifs de l'armée;

122 - à redonner aux trois armes un uniforme distinctif.

Pour l'essentiel, nous avons constaté que ces promesses ont été reprises dans les discours électoraux dans lesquels toutefois le chef conservateur avait tendance à être plus précis et à chiffrer certains de ces engagements comme l'augmentation des dépenses et des effectifs militaires. Enfin, il y a un écart significatif entre le programme et le discours électoral dans la mesure où on insiste beaucoup plus dans le programme sur la politique de défense que sur la recherche de la paix (12 propositions contre 2), le thème de la paix ayant surtout été exploité durant la campagne électorale. Cette différence s'explique par la nécessité de concurrencer le discours libéral qui donnait une grande place à ce thème cher à Pierre Trudeau.

LA MISSION CULTURELLE

Au chapitre éducatif et culturel, le programme conservateur est aussi anémique que son discours électoral, ce qui traduit sans doute la volonté de ce parti de respecter les juridictions provinciales en ces matières. Les conservateurs abordèrent le domaine de l'éducation par le biais de la formation de la main-d'œuvre et du soutien à la recherche. Ils proposèrent à cet égard:

123 - de doubler l'effort national de R-D, le faisant passer à 2,5 % du PNB pendant le premier mandat.

Ils prirent aussi des engagements envers les artistes. Le programme prévoit que s'ils sont élus:

124 - ils faciliteront l'accès des artistes aux avantages sociaux offerts par le régime de pension et l'assurance-chômage;

125 - ils encourageront les investissements pour la production de films;

126 - ils réviseront la loi sur le droit d'auteur;

127 - ils rémunéreront les auteurs à faible revenu dont les œuvres sont utilisées en bibliothèque;

128 - ils aideront la promotion des talents canadiens à l'étranger.

Au chapitre culturel, c'est le thème du multiculturalisme qui revient le plus souvent. Ils prirent les engagements suivants:

129 - reconnaître la diversité multiculturelle de la société canadienne;

130 - représenter adéquatement cette diversité dans la formation du prochain gouvernement;

131 - nommer des représentants de ces communautés aux conseils d'administration des organismes fédéraux;

132 - fournir les services appropriés aux Néo-Canadiens pour faciliter leur adaptation.

Sur ce thème, il n'y a pas de différence significative entre le programme du parti et son discours électoral. Il faut aussi noter qu'il y a un silence complet tant dans le programme que dans le discours électoral sur la politique de l'immigration qui deviendra plus tard un des enjeux majeurs pour le gouvernement conservateur.

CONCLUSION

L'analyse comparative du programme et du discours électoral nous a permis de constater une très grande cohérence entre ces deux composantes de la rhétorique politique, ce qui confirme la thèse de Vincent Lemieux selon qui l'image projetée par les partis durant les campagnes électorales est un reflet fidèle de leur programme politique. Notre analyse démontre aussi que les programmes servent principalement à alimenter l'argumentation des porte-parole du parti. Ces derniers toutefois ne sont pas prisonniers de la plate-forme de leur parti. Ils doivent s'adapter aux circonstances et surtout à la dynamique du combat électoral qui les force à innover, à prendre des positions qui n'étaient pas inscrites au programme ou encore, ce qui est plus fréquent, à préciser certaines propositions laissées vagues au moment de la rédaction du programme. Mais ces changements conjoncturels ne vont pas à l'encontre des positions fondamentales du parti.

Si nous admettons l'idée selon laquelle les programmes sont surtout destinés à la consommation partisane, nous devons conclure que ce type de discours tend à être plus ambiguë ou moins précis que celui qui s'adresse à l'électorat et que dès lors la lutte électorale oblige les partis à mieux définir leurs positions respectives. Notre recherche confirmerait donc les travaux de B. Page qui a constaté qu'aux États-Unis les discours adressés aux militants sont plus généraux que ceux destinés aux audiences non partisanes qui ont droit à des engagements plus spécifiques (voir chapitre 2).

La relation de concordance constatée entre le programme et le discours électoral doit cependant être pondérée par l'observation de certains silences du programme conservateur, qui a été très discret sur des questions controversées comme le bilinguisme, la place du Québec dans la nouvelle constitution et qui a, au surplus, négligé complètement les problèmes de l'environnement alors que durant la campagne électorale Brian Mulroney s'est engagé à mettre les problèmes de l'environnement en tête de liste de ses priorités gouvernementales; ce qui démontre que la relation de contrôle des militants sur les politiques du parti est aléatoire et que la direction du parti à l'inverse jouit d'une très grande marge de manœuvre pour déterminer le positionnement du parti.

Nous avons donc relevé plusieurs différences entre le programme et le discours électoral, lequel offrait à l'électeur des engagements non prévus ou plus précis que dans le programme. Il nous faut en conséquence ajouter ces éléments à notre liste de promesses:

133 - accorder un soutien inconditionnel à la politique de Washington à l'endroit de l'URSS;

134 - augmenter les effectifs de l'armée de 82 000 à 90 000 personnes en trois ans;

135 - faire pression sur le gouvernement américain pour réduire de 50 % les émissions de soufre d'ici 1994;

136 - investir 250 millions de dollars dans la création d'emplois par des crédits d'impôts;

137 - instaurer un programme de bourses de 5 000 $ à 10 000 $ pour les jeunes qui veulent lancer leur entreprise;

138 - accorder une aide de 15 millions de dollars à Pétromont;

139 - transformer le mandat de FIRA en agence de développement économique;

140 - modifier la formule d'amendement et amener le Québec à accepter la nouvelle constitution;

141 - simplifier le régime fiscal;

142 - créer un impôt minimal;

143 - adopter une déclaration des droits du contribuable;

144 - rouvrir les accords fiscaux avec les provinces,

145 - combattre le favoritisme,

146 - renouveler l'accord-cadre avec le Québec sur le financement des programmes de développement économique pour augmenter la part du fédéral à 60 %.

Enfin, les idées de base du programme conservateur peuvent se résumer de la façon suivante: réduction du déficit, réduction du rôle de l'État par la privatisation, la déréglementation et le remplacement des subventions par des allègements fiscaux, croyance au marché comme mécanisme de régulation et à l'entreprise privée comme source de stimulation économique. Ces thèmes rejoignent le néo-conservatisme mis à la mode en Grande-Bretagne par Margaret Thatcher et aux États-Unis par Ronald Reagan. Toutefois, les conservateurs canadiens se distinguent de leurs homologues occidentaux par leur refus de restreindre les programmes sociaux pour réduire les dépenses de l'État. Ils misent plutôt sur la relance économique qui devrait augmenter les ressources de l'État et faire baisser la demande sociale. Non seulement garantissent-ils l'universalité des programmes sociaux mais ils proposent aussi un élargissement du régime de pension aux femmes qui ne sont pas sur le marché du travail.

Ce programme augmentait les chances des conservateurs de réunir une large coalition d'intérêts, mais ces positions, dont certaines étaient difficilement conciliables, allaient limiter la marge de manœuvre gouvernementale. En créant des attentes élevées dans un grand nombre de groupes, les conservateurs prenaient le risque de décevoir beaucoup de monde. Les conservateurs auraient dû relire le fabuliste Lafontaine, qui a montré qu'on ne peut satisfaire à la fois le meunier, son fils et l'âne.

# Chapitre 7

## La fiabilité du discours conservateur

Le jeu politique est-il une tromperie? L'électeur peut-il se fier aux discours des politiciens, peut-il se servir des engagements électoraux pour prédire l'action gouvernementale ? Les conservateurs au pouvoir depuis 1984 ont-ils réalisé leurs promesses?

Notre but dans cette recherche n'est pas de juger la valeur des politiques conservatrices, ni d'évaluer de façon critique l'idéologie de ce parti. Il ne s'agit pas de déterminer quels ont été les impacts de ces politiques ou encore quels groupes d'intérêt elles ont favorisés. Notre intention est plutôt d'établir si ce qui a été dit au temps T a été réalisé au temps T + 1. Il ne faut donc pas prendre les conclusions de cette étude pour une caution politique même si nous démontrions que le Parti conservateur est fiable et responsable, c'est-à-dire que son bilan législatif correspond à ses engagements électoraux.

Une telle évaluation est périlleuse car elle prêtera toujours le flanc à la critique de ceux qui détiennent le pouvoir et de ceux qui sont dans l'opposition. Les premiers estimeront qu'on ne rend pas justice à toutes leurs politiques alors que les seconds soutiendront que les politiques du parti au pouvoir étaient illusoires et qu'elles n'ont pas donné les fruits promis.

Notre objectif sera donc de vérifier le bien-fondé de la théorie qui veut que les partis ont intérêt à être fiables, honnêtes et responsables. Cette thèse va certes à l'encontre du sens commun dans la mesure où les hommes politiques et les partis sont souvent perçus négativement par l'homme de la rue, mais elle a déjà été vérifiée par un certain nombre d'études qui ont essayé d'évaluer le degré de fiabilité des discours politiques.

Aux États-Unis, G. Pomper a étudié six élections présidentielles. (Voir *Elections in America: Control and Influence in Democratic Politics*, New York, Dood Mead and Co., 1970) Il a comparé les engagements électoraux contenus dans les programmes des partis avec les projets de lois débattus au Congrès américain de 1944 à 1964. Il a pu ainsi établir que 72 % des promesses faites avaient été transformées en actions gouvernementales. (Voir p. 186) Il estime que cette proportion est raisonnablement satisfaisante.

Une autre recherche menée par Michael Krukones arrive à une conclusion semblable. À la différence de Pomper, Krukones pense que les électeurs fréquentent rarement les programmes des partis politiques et qu'il est préférable d'utiliser le discours électoral comme base de comparaison; autrement dit l'analyse doit s'effectuer à son avis à partir de l'information réellement transmise aux électeurs. Son étude est aussi plus extensive que celle de Pomper, car elle couvre soixante ans d'élections présidentielles américaines, soit de 1912 à 1972. Il a établi que 75 % des promesses faites par les candidats élus à la présidence américaine ont été réalisées. Il a aussi montré que n'eût été l'obstruction du Congrès, cette proportion aurait atteint 80 %, ce qui représenterait une performance de fiabilité remarquable. Krukones conclut que les discours tenus lors des campagnes électorales peuvent servir de prédicteur fiable de l'action gouvernementale.

Une autre étude, réalisée par Richard C. Elling, analyse la performance de responsabilité des partis dans deux États américains: le Wisconsin et l'Illinois. Son objectif était de comparer la performance de deux systèmes de partis: celui du Wisconsin étant réputé plus idéologique que celui de l'Illinois défini comme plus pragmatique. Pour les fins de sa recherche, Elling n'a retenu que les propositions de politiques spécifiques énoncées dans les programmes électoraux des partis. Il a découvert que le Parti républicain du Wisconsin était le parti le plus responsable avec un taux de réalisation de ses engagements de 55 % alors que son adversaire démocrate était le moins fiable avec un taux de 33 % seulement. Les partis de l'Illinois avaient un niveau de performance équivalent: 50 % pour les démocrates et 51 % pour les républicains; mais ils se différenciaient nettement de leurs homologues du Wisconsin par le moins grand nombre d'engagements, ce qui était conforme à leur réputation pragmatique. Elling estime que ces partis ont fait montre entre 1947 et 1971 d'un niveau de responsabilité raisonnable, compte tenu de la nature particulière du système politique américain qui se caractérise par la séparation des pouvoirs et le bicaméralisme. À son avis, ces facteurs expliquent le fractionnement du contrôle partisan, ce qui n'incite pas les partis à être responsables. «The "delivery capabilities" of the Wisconsin parties are especially impressive given those aspects of the american political process which are not conducive to "responsable" party performance.» («State Party Platform and State Legislative Performance: a Comparative Analysis», *American Journal of Political Science*, vol. 23, 1979, p. 400)

On ne dispose pas pour le Canada d'études aussi systématiques. Colin Rollings avance le chiffre de 71,5 % comme taux de fiabilité pour la période 1945-1979, pour les partis fédéraux canadiens, mais il ne précise pas la méthodologie utilisée pour arriver à ce résultat. (Voir «The Influence of Election Programmes: Britain and Canada, 1945-1979», dans I. Budge et *alii.*, *Ideology, Strategy and Party Change*, Cambridge, Cambridge University Press, 1987, p. 13.) Cet auteur soutient qu'en Grande-Bretagne, le taux de réalisation des promesses électorales est de 63,7 % pour la même période et qu'il atteint 72,7 % si on exclut les trois parlements qui ont duré moins de deux ans.

Paule Duchesneau dans sa thèse de maîtrise a tenté de déterminer le niveau d'adéquation entre l'activité électorale et l'activité législative. Son étude couvre la période 1970-1973. Elle compare les programmes électoraux avec d'une part les messages inauguraux et d'autre part avec les lois adoptées. La performance de fiabilité du Parti libéral, durant ce mandat du moins, est beaucoup plus faible que celle observée aux États-Unis puisque Paule Duchesneau établit que l'output gouvernemental ne correspond qu'à 45 % des engagements contenus dans le programme du Parti libéral. (Voir *Adéquation entre l'activité électorale et l'activité législative*, Université Laval, 1984, p. 166) Elle a ventilé ce taux de réalisation selon les secteurs d'activité de l'État et elle a découvert des variations importantes. Ainsi, la performance de réalisation des engagements du Parti libéral se situe à 64 % pour la mission gouvernementale, à 25 % pour la mission culturelle, à 40,6 % pour la mission sociale et à 30 % pour la mission économique, ce qui peut sembler faible pour un parti qui se vante précisément de sa compétence économique. L'auteure ne se prononce pas toutefois sur la qualité de cette performance puisqu'elle ne peut faire de comparaison avec d'autres études du même genre au Québec.

Après avoir établi dans les chapitres précédents les caractéristiques des discours du Parti conservateur, nous examinerons leur degré de fiabilité en comparant les engagements électoraux de ce parti avec le bilan de son action législative. Pour ce faire, nous partirons des messages émis et diffusés durant la période électorale. Après avoir montré dans le chapitre 6 qu'il y avait une grande similitude entre le programme et le discours des porte-parole et après avoir constitué le répertoire des politiques proposées par ce parti, nous allons maintenant les comparer avec les actions législatives de ce parti de 1984 à 1988.

Par actions législatives, nous entendons tous les projets de lois présentés en Chambre ainsi que toutes les mesures annoncées par le gouvernement. Nous avons décidé de retenir les projets de loi plutôt que les lois effectivement adoptées parce que l'adoption d'un projet de loi dépend de circonstances qui ne sont pas toujours sous le contrôle du parti au pouvoir. Pour les fins de cette recherche, les intentions législatives peuvent être considérées comme une preuve de bonne foi de la part du parti gouvernemental, car celui-ci n'est pas responsable des attitudes de l'opposition qui peut employer toute une panoplie de moyens pour bloquer l'adoption d'un projet de loi. L'usage de la guillotine est peu fréquent dans nos mœurs parlementaires et n'est employé qu'en cas de force majeure. Il faut aussi rappeler que dans notre système parlementaire, du moins au niveau fédéral, le Sénat a le pouvoir d'amender ou de retarder l'adoption d'un projet de loi, ce qui s'est effectivement produit à plusieurs reprises durant le mandat conservateur. Enfin, pour un gouvernement, le temps est une ressource rare, ce qui l'oblige à établir des priorités législatives et celles-ci dépendent souvent de la conjoncture économique et sociale de sorte qu'on ne peut lui tenir rigueur de ne pas épuiser son menu législatif. Ainsi, le gouvernement conservateur dut consacrer beaucoup de temps et d'énergie au problème des réfugiés. Ce qui importe pour notre propos, c'est que le parti gouvernemental fasse une action positive en proposant un projet de loi; ce qui arrive par la suite à ce projet de loi ne dépend pas nécessairement de sa volonté et ne devrait pas être mis sur le compte de sa mauvaise foi.

Notre indicateur de la volonté gouvernementale sera donc le menu législatif présenté par le gouvernement. Nous comparerons ce corpus avec celui des engagements électoraux pour déterminer le coefficient de fiabilité du parti au pouvoir. Nous pourrons ainsi identifier les champs de l'activité législative où la fiabilité est la plus grande et ceux où elle est la plus faible.

Afin de constituer le corpus des projets de loi nous avons dépouillé les feuilletons de la Chambre des communes où tous les projets de loi du gouvernement sont inscrits à l'ordre du jour. Compte tenu de la logique partisane qui prévaut en régime parlementaire, nous n'avons pas inclus dans notre corpus les projets de loi des députés qui ont souvent des objets trop particuliers, qui franchissent rarement l'étape de la première lecture et meurent au feuilleton. Nous avons complété notre corpus en dépouillant les discours du trône et les discours de présentation du budget qui comprennent souvent des mesures ou des décisions qui ne feront pas l'objet de projets de loi spécifiques mais qui n'en sont pas moins adoptées par les élus lors du vote sur le budget et des propositions de voies et moyens. Pour vérifier certaines promesses spécifiques, nous avons aussi eu recours au budget des dépenses des ministères concernés. Notre étude couvre donc les deux sessions de la 33e législature. Nous avons recensé (au 10 juin 1988) un total de 262 projets de loi.

Bilan législatif de la 33e législature

| Projets de loi | présentés | restés au feuilleton | retirés en étude | sanctionnés |
|---|---|---|---|---|
| 1re session | 128 | 15 | 7 | 106 |
| 2e session | 134 | * | * | * |
| Total | 262 | | | |

* Données non disponibles au moment de l'étude.

Ce tableau nous indique que, du moins pour la première session, le taux de mortalité des projets de loi s'élève à 17 %. Il faut aussi remarquer que la productivité législative des conservateurs fut plus faible que celle des libéraux, qui durant le mandat précédent présentèrent 430 projets de loi.

Les ministères qui ont présenté le plus de projets de loi furent dans l'ordre: le ministère des Finances, 72 projets de loi, le ministère de la Justice 44, le président du Conseil du trésor 31, le ministère de l'Agriculture 26, le ministère des Transports 23 et les Affaires indiennes 20. Les ministères les moins actifs furent: l'Environnement avec 4 projets de loi, la Défense 4, les Travaux publics 3, le Commerce extérieur 3, le Secrétariat d'État 2. Le Premier ministre, quant à lui, soumit 12 projets de loi à la Chambre des communes. Trois ministères n'ont présenté aucun projet de loi, ce sont les ministères de la Condition physique et du Sport amateur, des Forêts, et de la Science et de la Technologie.

## LES RÉALISATIONS

Notre objectif n'est pas de faire un bilan exhaustif de la gestion conservatrice, mais plutôt d'évaluer la proportion des promesses électorales qui ont été traduites en actions gouvernementales afin d'établir le coefficient de fiabilité du discours électoral. Nous calculerons le taux de fiabilité selon la formule suivante: le nombre d'actions gouvernementales divisé par le nombre de promesses. Pour ce faire, nous reprendrons l'ordre de présentation utilisé au chapitre précédent. Après avoir analysé la performance du gouvernement sur le plan des objectifs, nous examinerons ses réalisations spécifiques dans chacune des missions gouvernementales.

Cette démarche n'est pas à l'abri de toute critique. En effet, parler de réalisation gouvernementale est en soi un enjeu politique et un sujet de controverse, car en démocratie parlementaire le parti d'opposition contestera toujours la validité et le résultat effectif d'une politique gouvernementale. Il n'y a pas de critère objectif de la réussite d'une politique. Adopter un programme de création d'emplois ne signifie pas forcément que le chômage diminuera. Ensuite, toutes les décisions législatives n'ont pas le même poids ou la même importance. Il va de soi que l'adoption de l'accord de libre-échange avec les États-Unis ou l'accord du lac Meech ont plus de signification et de conséquences pour la société canadienne que la décision de donner un uniforme distinctif aux trois armes de l'armée canadienne. Mais comme il est pratiquement impossible de hiérarchiser les actions gouvernementales selon leur valeur historique ou de mesurer ces différences sans jugements arbitraires, nous avons choisi l'arbitraire de l'égalité, chaque mesure législative étant considérée comme une unité de mesure de la fiabilité. Ce choix méthodologique a l'avantage d'éviter la subjectivité de l'évaluation, mais il a l'inconvénient de rendre l'analyse moins précise.

Enfin, notre étude comporte des limites. Elle ne prétend pas couvrir tous les engagements électoraux du Parti conservateur, car d'une part elle ne porte que sur les discours en langue française et d'autre part l'identification des promesses a été faite à partir de deux sources: le programme du parti et les discours rapportés dans le journal *Le Devoir*. Nous pensons toutefois que ce corpus représente un échantillon significatif du message électoral du Parti conservateur et qu'il peut servir à mesurer le degré de fiabilité du discours de ce parti, étant entendu que cette évaluation donne un ordre de grandeur et n'est pas un reflet exact des engagements effectivement réalisés.

## LA MISSION ÉCONOMIQUE

Le gouvernement conservateur a-t-il atteint les objectifs économiques qu'il avait proposés aux Canadiens durant la campagne électorale? Les conservateurs s'étaient engagés à relancer l'économie canadienne, à favoriser les investissements étrangers, à faire baisser les taux d'intérêt, à réduire les dépenses de l'État et à créer des emplois et des programmes de formation de la main-d'œuvre.

Après quatre ans de règne conservateur, il faut reconnaître que les indicateurs économiques montrent qu'il y a eu une reprise de l'économie canadienne. Cette reprise a été stimulée par la demande à l'exportation et par le raffermissement de la demande de consommation au Canada. La valeur des exportations passa de 90 702 000 000 $ en 1983 à 120 631 000 000 $, en 1986; mais pendant la même période la valeur des importations augmenta de 91 493 000 000 $ à 110 498 000 000 $. (Voir *Annuaire du Canada 1988*, p. 21-29) La croissance réelle de l'économie canadienne a été d'environ 3,5 % par an en moyenne depuis septembre 1984.

Le produit intérieur brut (indice de 100 en 1980) est passé de 108,6 qu'il était en 1984 à 122,1 en 1987. L'inflation a été jugulée. Les taux d'intérêt qui étaient de 10,16 % en 1984 ont baissé à 8,66 % en 1987 et sont depuis lors relativement stables. Dès son premier budget, le ministre des

Finances a présenté une loi (C-15) modifiant le mandat de l'Agence de tamisage des investissements étrangers (Fira) afin de faciliter la venue au Canada de capitaux étrangers. Cette loi abolit l'enquête gouvernementale sur les nouveaux investissements étrangers directs. Elle modifie le nom de l'agence FIRA en Investissements Canada. Le ministre Wilson expliquait en ces termes l'objectif du gouvernement: «Ce changement de désignation a déjà fait comprendre aux investisseurs étrangers que le Canada était redevenu un pays ouvert aux affaires.» (Discours de présentation du budget 1985, p. 3) Le Canada a en plus décidé d'accorder la priorité dans sa politique d'immigration aux immigrants investisseurs. Cette attitude favorable aux investissements étrangers a porté fruit puisque les entrées brutes de capitaux étrangers ont plus que doublé en 4 ans, passant de 4,012 millions de dollars en 1983 à 8,905 millions de dollars en 1987. (Statistiques Canada, 67-001, p. 18) «Les investissements directs étrangers au Canada se soldent par une entrée nette record de 4,4 milliards de dollars, plus de deux fois supérieure au sommet précédent de 1,7 milliards enregistré en 1984.» (*Ibid.*, p. 17)

Le taux de chômage a lui aussi régressé, passant de 11,3 % en 1984 à 8,6 % en février 1988. De septembre 1984 à février 1988, il y a eu 1 150 000 emplois de créés. Ainsi, l'emploi a progressé plus vite au Canada que dans les autres grands pays industrialisés. Conformément à leur engagement électoral, les conservateurs au pouvoir firent de la création d'emplois permanents l'objectif prioritaire de leur politique de soutien à l'emploi et pour ce faire ils choisirent d'investir 900 millions de dollars en 1985-1986 et 900 autres millions en 1986-1987 pour aider les Canadiens à acquérir des compétences. (Voir Discours de présentation du budget 1985)

La croissance économique augmentant les recettes de l'État, le gouvernement conservateur a pu réussir à maîtriser le déficit sans toutefois le réduire considérablement puisqu'il s'était aussi engagé à maintenir les programmes sociaux. Les conservateurs stabilisèrent les dépenses des programmes sociaux à environ 89 milliards de dollars ce qui, compte tenu de l'inflation, signifiait malgré toutes les déclarations une diminution en valeur réelle. Le ministre Wilson expliquait en ces termes sa philosophie des restrictions budgétaires:

> Certains ont proposé qu'on sabre dans les programmes d'aide sociale. Notre gouvernement n'est pas disposé à démanteler les programmes sociaux. La meilleure façon de réduire les coûts des mesures sociales est de s'assurer que l'aide financière et fiscale est bien orientée. (Discours de présentation du budget 1986, p. 13)

Son objectif était de ramener les dépenses consacrées aux programmes fédéraux au niveau des années 60, en proportion de la taille de l'économie.

Alors que le déficit laissé par les libéraux atteignait 38,3 milliards de dollars en 1984-1985, les conservateurs l'ont réduit à 34,4 milliards en 1985-1986 et à 32 milliards en 1986-1987. Il est passé sous la barre des 30 milliards en 1987-1988. Le ministre Wilson prévoyait dans son discours de présentation du budget de 1986 que le déficit tomberait à 22 milliards d'ici 1990. Cette réduction a été rendue possible par une gestion rigoureuse de l'appareil d'État, par la suppression de 5 000 postes dans la fonction publique, par l'élimination de programmes comme Katimavik, le programme d'encouragement pétrolier, le programme d'indemnisation pétrolière, le programme d'isolation thermique, et aussi par la vente de sociétés de la Couronne: Havilland, Canadair, Canagrex, etc. Même si au sens strict le déficit a été réduit et maintenu sous la barre psychologique des 30 milliards, la dette est passée sous la gouverne conservatrice de 199 milliards à 322 milliards. Même si dans certains milieux on a critiqué les conservateurs pour leurs efforts timides de réduction du déficit, il faut reconnaître qu'ils ont respecté leur engagement électoral.

Le Parti conservateur a donc atteint de façon satisfaisante les cinq grands objectifs économiques proposés durant la campagne électorale. Nous pouvons donc lui accorder un coefficient de fiabilité de 100 %.

Cette bonne performance économique ne s'explique certes pas uniquement par la gestion des conservateurs. Elle dépend dans une large mesure de la conjoncture économique mondiale et en partie de la prospérité économique américaine, mais on peut mettre au crédit des conservateurs de ne pas avoir contrarié le développement de ces tendances positives. Il est toujours plus facile de rendre les gouvernements responsables des déboires de l'économie que de leur attribuer les mérites de la prospérité.

### L'agriculture

Les agriculteurs avaient été une des clientèles les plus choyées par les promesses du Parti conservateur durant la campagne électorale, car ce parti est profondément implanté dans les petites communautés rurales de l'Ouest et de l'Ontario. Le discours conservateur insistait sur la nécessité de défendre la ferme familiale menacée par les taux d'intérêt élevés qui acculaient les propriétaires à la faillite ou encore qui empêchaient souvent les fils de prendre la relève de leurs pères. Pour remédier à cette situation, le gouvernement convoqua un forum sur la ferme familiale et fit adopter une loi sur l'endettement agricole (C-117). Cette loi créait un Bureau d'examen de l'endettement agricole dont le mandat était de favoriser des ententes entre les créanciers et les fermiers et d'éviter à ces derniers des saisies sans préavis.

Comme promis, les conservateurs rétablirent une politique laitière à long terme en revenant à la politique quinquennale abandonnée par les libéraux en 1981, mais ils réduisirent les dépenses consacrées au programme de soutien laitier administré par la Commission canadienne du lait dont le budget est passé de 347 millions de dollars en 1983-1985 à 284 millions en 1986-1987. (Voir *Budget des dépenses du ministère de l'Agriculture*, 1985-1986, p. 3-97 et 1988-1989, p. 4-109)

Nous ne sommes pas en mesure par contre de déterminer si la politique de commercialisation mise de l'avant par les conservateurs correspondait aux désirs des producteurs agricoles comme cela fut promis en campagne électorale, car nous n'avons aucun indicateur de cette adéquation.

Les conservateurs s'étaient engagés auprès de l'électorat de l'Ouest à revoir la loi sur le transport du grain, appelée accord du Nid-de-Corbeau. Le précédent gouvernement sous la pression des agriculteurs québécois avait décidé de verser les subventions aux compagnies de chemin de fer plutôt qu'aux agriculteurs de l'Ouest. Les conservateurs firent adopter la loi C-44 qui prévoyait à l'article 29.1 la remise en service des embranchements de chemin de fer dans l'Ouest et qui gelait les tarifs du transport du grain jusqu'en 1987, l'État fédéral prenant à sa charge les variations de coûts. La loi obligeait aussi les compagnies de chemin de fer à tenir des assemblées publiques pour répondre aux questions et suggestions des producteurs.

Tel qu'il l'avait annoncé durant la campagne électorale, le gouvernement fit aussi amender la loi sur le paiement anticipé des récoltes (C-58) afin de doubler la limite fixée pour chaque campagne agricole, de 15 000 $ à 30 000 $. Il amenda aussi la loi sur la stabilisation des prix agricoles (C-25) afin d'autoriser le ministre à conclure des ententes de stabilisation avec les provinces mais la nouvelle loi ne prévoyait aucune mesure particulière concernant le moment des paiements de stabilisation aux agriculteurs. Les conservateurs n'ont pas explicitement donné suite à leur promesse de verser ces montants au moment où les agriculteurs en avaient le plus besoin. Par ailleurs, le ministre de l'Agriculture, John Wise a fait adopter un projet de loi (C-25) instituant un programme national de stabilisation des prix pour le secteur des viandes rouges.

Dans son exposé financier de novembre 1984, le ministre des Finances a donné un début de réalisation à la promesse d'exempter les agriculteurs des taxes sur les carburants agricoles. Il a accordé aux producteurs agricoles une exemption de 3 cents le litre, le coût de cette mesure étant évalué à 160 millions. Chaque fois qu'il augmentera la taxe sur le carburant dans ses budgets subséquents, le ministre prendra soin de majorer la ristourne revenant aux agriculteurs et à tous les producteurs primaires (forêts et mines). Il a aussi imposé un moratoire sur les saisies des biens des agriculteurs en difficulté financière. (C-117) Afin d'améliorer la situation financière des agriculteurs âgés et de défendre la ferme familiale, il a accordé une exemption immédiate de 500 000 $ sur les gains de capitaux résultant de la vente de biens agricoles. Il a aussi instauré un programme pour le recyclage des agriculteurs qui désiraient changer d'activité économique. Dans son budget de 1986, afin de réduire le niveau d'endettement des agriculteurs, il a accru le budget de la Société du crédit agricole et établi un nouveau mode de financement basant l'hypothèque sur le prix des produits agricoles. Le coût de cette mesure a été évalué à 65 millions pour 1986 et à 130 millions pour 1987. Le gouvernement créa aussi un comité parlementaire pour étudier la fiscalité des agriculteurs: gains de capital, agro-obligations et statut des agriculteurs à temps partiel.

Les conservateurs avaient aussi promis de rétablir l'utilisation des deux systèmes de mesure. Ils abolirent donc l'obligation pour les commerçants d'utiliser le système métrique dans les domaines réglementés par Ottawa: l'alimentation, l'essence et les couvre-planchers. Ils remplirent également leur engagement d'accroître la recherche en agriculture. Le budget de recherche sur le développement de la production est passé de 163 634 000 $ en 1984-1985 à 245 072 000 $ en 1988-1989. (Voir *Budget des dépenses*, 1984-1985, p. 3-8 et 1988-1989, p. 4-5) Ils avaient par ailleurs inscrit à leur programme l'engagement de modifier l'article 31 de la loi de l'impôt sur le revenu sans indiquer toutefois l'objet de ce changement. Ils ont donné suite à cet engagement par le projet de loi C-84, mais cette modification ne touche pas directement les agriculteurs.

Les conservateurs ont donné suite à dix de leurs treize promesses électorales aux agriculteurs pour un taux de fiabilité de 77 %. Ils en ont glissé une sous le tapis, l'engagement de créer des obligations agricoles. Il y a deux autres promesses pour lesquelles il est impossible de se prononcer.

*L'énergie*

Depuis son adoption en 1980, le Programme énergétique national avait été régulièrement dénoncé par les conservateurs qui avaient été défaits en Chambre sur le vote d'un budget prévoyant l'augmentation du prix du pétrole; ils avaient par la suite perdu les élections de février 1980. Dès leur retour au pouvoir, les conservateurs s'attaquèrent à cet héritage du régime libéral et surtout à l'insatisfaction des provinces productrices. L'objectif du gouvernement conservateur était de remettre le monde du pétrole à l'heure des lois du marché: «Le gouvernement estime que l'heure est venue de laisser le marché déterminer le prix du pétrole.» (Exposé financier du ministre Wilson, novembre 1984, p. 12) On estimait que la politique de soutien des prix avait coûté 25 milliards aux contribuables canadiens et qu'elle était en grande partie responsable du déficit énorme du Canada.

Sur le plan des objectifs généraux de leur politique énergétique, les conservateurs ont connu des succès mitigés. Contrairement à ce qu'ils avaient peut-être imprudemment promis, les conservateurs n'ont évidemment pas réalisé l'autosuffisance énergétique du Canada. Le Canada importe plus de pétrole aujourd'hui qu'en 1984, soit environ 500 000 barils par jour provenant essentiellement de la mer du Nord et destiné au marché québécois. Par ailleurs, à la suite de la politique énergétique conservatrice, le Canada produit aussi plus de pétrole qu'en 1984 et il en exporte plus aux USA, soit 750 000 barils par jour comparativement à 250 000 entre 1982 et 1984. Sur le plan quantitatif, il n'y a évidemment pas de différence entre les importations et les exportations, mais à long terme cette politique a pour effet d'affaiblir les réserves du Canada et de menacer l'autosuffisance.

Les conservateurs s'étaient aussi engagés à accélérer la canadianisation de l'industrie, mais cet objectif n'a pas été atteint si on prend comme indicateur les entrées brutes d'investissements directs étrangers dans le secteur du pétrole et du gaz où ils ont ouvert largement la porte aux capitaux étrangers:

| | |
|---|---|
| 1982 | 651 millions |
| 1983 | 744 millions |
| 1984 | 425 millions |
| 1985 | 732 millions |
| 1986 | 1735 millions |
| 1987 | 2314 millions |

Ainsi, la part de contrôle canadien sur les industries pétrolières est passée de 42,7 % à 37,4 % de 1985 à 1988. Ce déclin s'explique surtout par les ventes de compagnies comme Husky à des intérêts étrangers. (Voir Michel Duquette, «Politiques canadiennes de l'énergie et le libre-échange», *Études internationales*, mars 1988, p. 30)

Leur troisième objectif était de garder les prix bas. Depuis quatre ans, le consommateur n'a effectivement pas eu à assumer de hausse significative du prix du pétrole à la pompe, ceux de l'Ouest profitant même d'une légère baisse. Cette réalisation est due en grande partie à l'effondrement des prix sur le marché mondial.

La ministre Pat Carney signa plusieurs accords avec les provinces productrices dont l'accord de l'Ouest qui déréglementait le prix du pétrole canadien pour le ramener au prix international, le prix du gaz fut lui aussi soumis à cet accord mais avec une rémission d'un an. La ministre proposa ensuite une nouvelle politique de l'énergie qui, pour reprendre ses propres termes, «devait planter le dernier clou dans la politique nationale de l'énergie des libéraux». Les conservateurs, tel qu'ils l'avaient promis, ont aboli de façon graduelle les subventions à l'exploration. L'objectif était de récupérer 1,6 milliard que coûtait chaque année le programme d'encouragement pétrolier. Ils ont aussi aboli la taxe de 10 % sur les recettes pétrolières et gazières. Cette mesure a coûté 1,4 milliard au Trésor et visait à stimuler l'exploitation et la mise en valeur des champs pétrolifères à une époque où les prix du pétrole s'effondraient sur les marchés mondiaux. La nouvelle loi éliminait aussi certains irritants comme le droit de prélèvement rétroactif de 25 % de la valeur de la production commerciale des nouveaux gisements découverts sur les terres de la Couronne, ce qui équivalait pour les conservateurs à une expropriation pure et simple. Ils ont aussi aboli la taxe de vente sur l'essence utilisée par les producteurs primaires. Par ailleurs, le ministre de l'Expansion industrielle régionale, Sinclair Stevens, a accordé une subvention de 15 millions à Pétromont. Ils ont aussi aboli les surtaxes imposées au raffinage du pétrole. Afin de faciliter la vente d'électricité aux États-Unis, Marcel Masse incita l'Office national de l'énergie à simplifier et à réduire la réglementaion touchant les exportations canadiennes d'électricité. (Voir *Le Devoir*, 11 septembre 1986) Il envisagea entre autres de faire passer le fardeau de la preuve devant l'ONE de l'exportateur au consommateur pour l'obtention d'une licence d'exportation d'électricité aux États-Unis.

Sur les 13 promesses faites au sujet de la politique énergétique, les conservateurs en ont réalisé 10, obtenant ainsi une performance de fiabilité de 77 %.

*Autres industries primaires*

Sous la gouverne libérale, l'industrie des pêches était fortement politisée de sorte que les conservateurs s'étaient engagés à mettre fin au favoritisme dans l'attribution des permis de pêche. Mais il est pratiquement impossible d'évaluer la performance des conservateurs à l'égard du favoritisme, car ce type de pratique laisse en général peu de traces dans les documents publics. Nous devons donc l'exclure de notre compilation. Par ailleurs, l'objectif d'une consultation accrue des pêcheurs semble avoir été atteint si on en juge par la création d'un Conseil régional de l'Atlantique composé de 18 représentants de l'industrie des pêches et dont le mandat est de conseiller le gouvernement dans l'élaboration de ses politiques. Le gouvernement a aussi augmenté le budget du Programme de mise en valeur des salmonidés auquel il consacra 37 millions de dollars en 1985-1986 comparativement à seulement 8 millions en 1984-1985. Il fit aussi adopter une loi sur la restructuration du secteur des pêches de l'Atlantique. Il ne semble pas toutefois que les conservateurs aient donné suite à leur promesse de créer un programme de rachat facultatif des bateaux de pêche.

Tel qu'il avait été promis durant la campagne électorale, le budget du Service canadien de la forêt fut augmenté. Alors qu'il était de 168 683 000 $ en 1985-1986, il fut porté à 234 870 000 $ en 1988-1989. Comme prévu, les conservateurs créèrent un ministère d'État à la forêt. Dans le cadre de son programme de développement forestier sur les terres relevant de la compétence fédérale, le gouvernement a mis en œuvre un programme d'aménagement forestier sur les terres indiennes afin d'assurer aux autochtones une ressource renouvelable et des emplois. (Voir *Budget des dépenses,* 1987-1988, p. 4-36) En 1987-1988, le Service canadien de la forêt en collaboration avec l'Association canadienne des producteurs de pâtes et papiers a établi un programme de stage dans l'industrie forestière. Ce programme d'une durée de deux ans a été réalisé au coût de 800 000 $. Enfin, dans le cadre des ententes fédérales-provinciales, le gouvernement conservateur a donné suite à sa promesse de financer le reboisement des boisés privés. Dans les provinces de l'Atlantique, plus de 10 000 propriétaires de boisés ont réalisé des travaux d'aménagement forestier. Au Québec, 3 600 propriétaires ont participé à ce programme. Les sommes versées par le fédéral dans le cadre de ces ententes sont passées de 53 065 000 $ en 1985-1986 à 139 419 000 $ en 1988-1989. Enfin, le gouvernement conservateur a organisé quatre forums sur les forêts canadiennes afin d'élaborer une stratégie nationale pour le secteur forestier.

Si dans un premier temps l'industrie minière n'eut qu'à se réjouir de l'élection des conservateurs, elle fut par la suite profondément déçue par la politique fiscale de M. Wilson qui fit adopter des mesures fiscales qui contredisaient ce qui avait été promis en campagne électorale. En effet, les conservateurs s'étaient engagés à utiliser le système fiscal pour encourager la prospection minière. Mais le ministre abolit le programme des actions accréditives qui permettait aux Canadiens d'obtenir des déductions fiscales de 133 % pour des investissements miniers. Cette politique fiscale, ajouté au krach boursier fit chuter les investissements dans les actions accréditives de 1,2 milliard en 1987 à 500 millions en 1988. De plus, les conservateurs omirent de faire adopter des mesures législatives assurant aux travailleurs miniers la transférabilité de leur régime de retraite. Les conservateurs firent adopter la loi C-137 qui vise à encourager la production minière en accordant des subventions aux entreprises qui émettent des actions accréditives pour fin d'exploration. Cette mesure n'entrera en vigueur qu'après le 31 décembre 1988 et le gouvernement compte y consacrer 70 millions de dollars la première année.

Dans le domaine des transports, les conservateurs ont pris diverses mesures afin de déréglementer le transport aérien: décloisonnement des routes aériennes, simplification des règles d'obtention des permis et déréglementation des tarifs intérieurs. Ils ont aussi déréglementé le transport ferroviaire (C-18). Conformément à leur engagement électoral, les conservateurs ont remis en service six liaisons ferroviaires de Via Rail: soit les liaisons de Winnipeg-Edmonton-Vancouver, de Montréal-Sherbrooke-Saint-Jean et Halifax, de Montréal-Ottawa-Sudbury, de Montréal-Sherbrooke, de Mont-Joli-Montréal et enfin celle de Toronto-Peterborough et Havelock. Ils ont aussi adopté une loi pour renforcer la sécurité dans les chemins de fer (C-105).

Sur les 17 promesses relatives aux industries des pêches, des mines et de la forêt, les conservateurs obtiennent un taux de réussite de 70 %; ils ont échoué dans trois cas et deux de leurs promesses sont impossibles à évaluer.

### L'emploi
Le thème de l'emploi avait été au cœur de la campagne électorale de 1984. À la limite, toutes les politiques économiques proposées par les partis sont justifiées par la création d'emplois, paravent derrière lequel s'abritent des intérêts qui ne sont pas nécessairement ou uniquement ceux des travailleurs. La stratégie de planification de l'emploi des conservateurs a été fondée sur l'optimisation des ressources et sur le recours au secteur privé. Ils estimaient que la solution au

problème du chômage appartenait aux entreprises qu'il fallait soutenir par des allégements fiscaux. Afin de consulter les milieux concernés, ils convoquèrent en début de mandat, le 22 mars 1985, une conférence nationale sur l'emploi

Ils ont instauré un programme spécial d'aide à l'emploi de 100 millions de dollars par année pour 3 ans destiné à ramener les assistés sociaux au travail. Comme ils l'avaient promis en campagne électorale, ils adoptèrent un programme de soutien à la formation qui visait à aider les jeunes à obtenir un premier emploi et à permettre aux femmes de revenir sur le marché du travail. Ils consacrèrent 800 millions à ces programmes. Ils ajoutèrent un autre programme d'adaptation destiné celui-là aux travailleurs âgés, programme évalué à 125 millions répartis sur 4 ans. Puisque la plupart de ces programmes touchaient à la formation de la main-d'œuvre, le gouvernement conservateur prit bien soin de consulter les provinces afin d'harmoniser ces politiques. Après avoir confié à la Commission Forget le mandat d'enquêter sur l'assurance-chômage, les conservateurs ont décidé de ne pas modifier le régime d'assurance-chômage. Ils ont maintenu la flexibilité des conditions d'admissibilité selon les taux de chômage régionaux et ils ont gelé les primes jusqu'en 1986. Afin de favoriser la consultation et la participation régionale dans la planification de l'emploi, les conservateurs ont créé dans l'ensemble du pays des conseils consultatifs locaux composés de membres influents des milieux d'affaires, des organisations de travailleurs et des groupes bénévoles de la collectivité. Par ailleurs, le gouvernement a négligé de donner suite à sa promesse de créer un Conseil national de développement des perspectives économiques. Afin d'améliorer le processus d'échange de renseignements sur l'emploi, ils ont aussi mis au point JobsCan, banque de données regroupant les compétences des travailleurs et les besoins des employeurs. Ils avaient promis d'encourager les jeunes à poursuivre leurs études mais cette proposition est trop générale pour être vérifiée. Par ailleurs, ils n'ont pas donné suite à leur projet de créer des bourses de 10 000 $ pour les jeunes désireux de lancer leur entreprise. Il n'y a aucune référence à un programme de ce genre dans le Répertoire des programmes fédéraux à l'intention des jeunes.

On peut donc établir leur taux de fiabilité à 62 %: cinq promesses réalisées, deux non réalisées et une impossible à évaluer.

### Aide à la PME

Afin d'aider les PME, le gouvernement conservateur a surtout utilisé le levier fiscal. Il a simplifié le régime fiscal des PME. Il a accordé des incitatifs fiscaux à l'investissement dans les fonds de capital de risque des travailleurs, ce qui a fait le bonheur de la FTQ. Il a consenti des crédits d'impôt aux PME qui investissent dans la R-D. Il a réduit les taux d'imposition sur les bénéfices de 15 % à 13 %. Il a abrogé l'impôt de 12,5 % sur les dividendes. De plus, dans son discours du trône de 1986, le Premier ministre a donné la consigne à tous ses ministres de faciliter l'accès des programmes d'achats gouvernementaux aux PME et de favoriser le transfert de technologies des laboratoires d'État aux petites entreprises. Afin d'accroître la part des PME dans les achats gouvernementaux, le ministre Harvey André prit diverses mesures administratives comme la simplification des formulaires, l'accélération du paiement des factures et l'organisation de séminaires destinés aux petits entrepreneurs. Le ministère de l'Expansion économique régionale mit à la disposition des PME un service de repérage des marchés. Le gouvernement a aussi nommé un sous-ministre adjoint aux petites entreprises. Le gouvernement a par ailleurs modifié la loi sur les prêts aux PME (C-23) afin d'instituer une forme de ticket modérateur. Au lieu de garantir la totalité des prêts consentis aux entreprises, il ne garantit plus que 90 % des créances. À l'exception de cette nouvelle politique non prévue dans le programme, ces diverses mesures correspondent effectivement aux quatre engagements pris par les conservateurs en 1984, ce qui leur donne un taux de succès de 100 %.

Dans l'ensemble, la performance des conservateurs à l'endroit de la mission économique fut de 76,6 %:

## Tableau XI
### Tableau récapitulatif des réalisations
### pour la mission économique

|  | réalisées | | non réalisées | ne sais pas | total |
|---|---|---|---|---|---|
| Objectifs | 5 | 100 % | | | 5 |
| Agriculture | 10 | 77 % | 1 | 2 | 13 |
| Énergie | 10 | 77 % | 3 | | 13 |
| Ind. primaires | 12 | 70 % | 4 | 1 | 17 |
| Emploi | 5 | 62 % | 2 | 1 | 8 |
| Pme | 4 | 100 % | | | 4 |
| Total | 46 | 76,6 % | 10 | 4 | 60 |

## LA MISSION GOUVERNEMENTALE

Sur le plan constitutionnel, le gouvernement Mulroney n'a pas encore réussi à régler la crise de l'unité canadienne dont il avait hérité du gouvernement Trudeau. Mais il a fait des efforts sérieux pour faciliter la réconciliation nationale en se montrant plus souple dans ses relations avec les provinces, en relançant les négociations constitutionnelles et en faisant signer l'accord du lac Meech par les dix premiers ministres provinciaux. Cette initiative fut contestée par les partisans de l'ancien Premier ministre Trudeau qui, retranchés au Sénat, tentèrent de la faire échouer. Tous les parlements provinciaux n'ont pas encore entériné cet accord mais on ne peut tenir les conservateurs responsables d'un éventuel échec.

À l'actif du gouvernement conservateur, il faut aussi inscrire la décrispation des relations entre le gouvernement fédéral et les provinces et le respect des régions. Les conservateurs ont mis fin au climat de confrontation avec les provinces en procédant à des consultations préalables aux décisions. Leur tâche a été facilitée par le fait qu'il y avait des gouvernements conservateurs dans sept provinces et que Robert Bourassa avait repris le pouvoir au Québec.

Le gouvernement conservateur a pratiqué un fédéralisme coopératif en convoquant fréquemment des conférences des premiers ministres ou encore des conférences fédérales-provinciales sectorielles. Ces conférences permettaient aux provinces de participer à la définition des politiques nationales ou d'exposer leurs problèmes spécifiques.

Les conservateurs avaient aussi promis de ramener l'Ouest dans le système décisionnel canadien et Mulroney tint parole en nommant 13 ministres provenant de ces provinces dont 7 obtinrent des ministères stratégiques. Dès leur entrée en fonction, les conservateurs ont éliminé un des nombreux irritants qui entretenaient un climat de confrontation entre le gouvernement fédéral et les provinces. Ils adoptèrent la loi C-2 qui proclamait la dissolution de la Société canadienne des paris sportifs et de Loto Canada, secteur considéré comme de juridiction provinciale. Il a aussi décentralisé la gestion de l'aide au développement industriel régional en confiant aux provinces la gestion des projets de moins de 500 000 $, reconnaissant ainsi de plus grandes responsabilités aux provinces en matière économique et sociale.

Cette belle harmonie fut toutefois perturbée à quelques reprises lorsqu'il s'est agi par exemple pour le gouvernement fédéral de réviser l'accord dit du Nid-de-Corbeau, ou d'accorder des contrats importants pour la construction des frégates, ou encore dans le domaine aérospatial. Ainsi, à l'occasion de l'attribution du contrat d'entretien des F-18 à Canadair, contrat d'une valeur de 104 millions, le Premier ministre du Manitoba, Howard Pawley, accusa Ottawa d'être de mauvaise foi et remit même en cause l'utilité du fédéralisme canadien. Il y eut aussi des débats acrimonieux sur le renouvellement des accords fiscaux dans la mesure où le gouvernement fédéral voulut forcer les provinces à assumer une part de la réduction du déficit fédéral.

Dans les années 80, le gouvernement libéral avait unilatéralement réduit les paiements de transfert aux provinces et, par souci de visibilité, avait décidé de mettre en œuvre ses propres programmes plutôt que de financer discrètement ceux administrés par les provinces. Les conservateurs avaient donc promis de rouvrir les accords fiscaux mais ils le firent au détriment des provinces qui bénéficiaient des paiements de péréquation. Le ministre Wilson remit en cause une clause de l'entente de 1982 qui garantissait aux provinces la stabilité des paiements. Cette décision entraînait un manque à gagner de 263 millions pour le Québec et souleva les protestations du ministre des Finances de cette province. Le ministre Wilson trancha le débat en offrant au Québec un paiement forfaitaire compensatoire de 110 millions. Le dossier de la péréquation fut une pomme de discorde entre le gouvernement fédéral et le Québec, la loi C-96 proposée par M. Wilson représentant un manque à gagner de 2 milliards pour le Québec.

Le gouvernement fédéral a imposé des restrictions budgétaires de 8 milliards pour la période 1985-1990 au chapitre du financement des programmes établis (santé et éducation post-secondaire). La perte subie par le Québec fut de 1,4 milliard selon l'évaluation de Gérard D. Lévesque. Les analyses du ministre des Finances du Québec furent toutefois contestées par son homologue fédéral qui ramena pour un temps les célèbres batailles de chiffres entre Québec et Ottawa. Les attentes des provinces à l'endroit des paiements de transferts fédéraux furent déçues, car l'augmentation obtenue de 2 % en 1987-1988 constituait un recul compte tenu de l'inflation qui était de 4 %. Les conservateurs n'ont donc pas tenu leur promesse à cet égard.

La politique linguistique des conservateurs n'a pas été différente de celle des libéraux. Brian Mulroney avait proclamé durant la campagne électorale que l'unité nationale reposait sur la défense des droits des minorités, mais il était resté vague sur la politique linguistique. Les conservateurs proposèrent des modifications à la loi sur les langues officielles (C-72) afin de faire respecter les droits des minorités et rendre la loi de 1969 plus conforme à la Charte canadienne des droits et libertés. Leur position postulait une équivalence de statut entre la minorité anglophone du Québec et celui des minorités francophones hors Québec. Cette loi élargit la promotion de l'anglais et du français aux entreprises, aux organisations patronales, syndicales ainsi qu'aux organisations bénévoles alors qu'auparavant elle se limitait aux institutions fédérales. Ottawa consacrera 1,4 milliard à ces programmes de promotion des deux langues officielles.

Au Québec, les organisations nationalistes et syndicales ont dénoncé cette loi parce qu'elle nie le caractère particulier du Québec et qu'elle permet au gouvernement fédéral de s'ingérer dans les affaires linguistiques du Québec en utilisant son pouvoir de dépenser. On estime qu'il s'agit d'un recul historique pour le Québec et d'une négation de l'accord du lac Meech. On considère aussi que l'argumentation du gouvernement fédéral porte à faux, car la situation des anglophones au Québec n'est en rien comparable à celle des francophones des autres provinces. En effet, comme l'a démontré une étude d'Uli Locher, *Les Anglophones de Montréal*, la minorité anglophone du Québec refuse de s'intégrer à la société québécoise et a conservé sa puissance d'assimilation alors que dans toutes les autres provinces les francophones continuent à s'assimiler.

Au chapitre des droits des autochtones, les conservateurs furent plutôt inefficaces. Après deux conférences constitutionnelles sur les droits territoriaux des Amérindiens et des Inuit, Brian Mulroney n'a pas encore réussi à obtenir l'accord requis de sept provinces pour accorder l'autonomie promise aux autochtones. On peut dire que le bilan des conservateurs sur les droits des autochtones est négatif puisqu'ils n'ont rempli aucune des trois promesses faites en campagne électorale. Sous la gestion conservatrice, la question territoriale n'a pas été réglée, il n'y a pas eu d'entente sur l'obtention d'un gouvernement autonome et la dépendance économique des autochtones persiste toujours.

Nous estimons que la performance de fiabilité des conservateurs au chapitre des relations fédérales-provinciales est de 50 % puisqu'ils ont réalisé quatre de leurs huit promesses.

### Le développement régional

Les conservateurs s'étaient engagés à favoriser le développement régional. Ils durent constater en cours de mandat que la politique de développement régional était inefficace parce que trop centralisée. Sous leur gouverne, le gouvernement fédéral a modifié son approche centralisée du développement régional en accordant une plus grande responsabilité aux régions dans la gestion des programmes de développement économique. Il a ainsi conclu des ententes de développement régional avec les principales régions du Canada, créant l'Agence de promotion économique de l'Atlantique (C-103), l'Initiative fédérale de développpment économique du Nord-Ontarien et l'Office de diversification de l'Ouest (C-113). Ils ont aussi signé, le 9 juin 1988, une entente avec le Québec qui injectait 440 millions dans l'économie régionale québécoise, le gouvernement québécois ajoutant en contrepartie 380 millions. Les deux gouvernements ont en outre ajouté 150 millions pour refinancer certaines enveloppes sectorielles épuisées depuis l'entente conclue le 14 décembre 1984. Cette politique se démarquait de celle pratiquée par le précédent gouvernement qui investissait directement dans les régions en passant par-dessus la tête des gouvernements provinciaux. Les conservateurs, afin de respecter les particularités régionales, acceptèrent que le gouvernement provincial soit le maître d'œuvre et décide de l'utilisation de ces fonds fédéraux selon leurs priorités. Mais le problème de l'équité inter-régionale demeure puisque l'Ouest a obtenu 1 200 millions d'aide compararativement à 440 millions pour le Québec. Les conservateurs ont donc réalisé les deux principaux engagements pris à l'endroit du développement régional.

### L'administration de la justice

Dans leur programme, les conservateurs avaient accordé beaucoup d'importance à l'administration de la justice. Au pouvoir, ils firent adopter une série d'amendements au code criminel afin de combattre plus efficacement la conduite en état d'ébriété, la pornographie et la prostitution. Ils modifièrent la loi sur le divorce et firent des ententes avec les provinces afin de faire respecter les ordonnances de Cour. (C-46, C-47, C-48) Dans son discours du budget de 1986, M. Wilson a annoncé des mesures visant à protéger les victimes de violence criminelle (Voir C-89) Le discours du trône de 1984 annonçait des mesures législatives visant à éliminer les problèmes et les abus dans le système correctionnel. Le projet de loi C-67 modifiait la loi sur les libérations conditionnelles afin d'obliger les détenus dangereux à purger la totalité de leur peine. Le budget du programme de consultation du service correctionnel appelé «Gestion de cas» qui était de 53 millions en 1983-1984 passa à 67 millions en 1985-1986. Le gouvernement améliora quelque peu les programmes communautaires de prévention du crime en augmentant légèrement leur budget. Il y eut aussi progression dans le nombre de centres résidentiels communautaires ouverts aux contrevenants: 308 en 1985-1986 comparativement à 284 en 1983-1984. Enfin, le gouvernement conservateur modifia la loi sur les jeunes contrevenants (C-106) afin de fixer à 18 ans l'âge qui définit le jeune contrevenant, ce qui permet d'imposer des conditions de libération aux jeunes reconnus coupables.

Au cours de la campagne électorale, Brian Mulroney s'était engagé à faire abolir la loi sur les mesures de guerre invoquée en 1970 pour faire emprisonner 450 Québécois. Les conservateurs remplacèrent donc la loi sur les mesures de guerre par une nouvelle loi sur les mesures d'urgence (C-77) qui vise à assurer la sécurité du Canada tout en respectant les libertés inscrites dans la Charte des droits. Elle prévoit que toute restriction des libertés ou des droits individuels par suite de l'exercice des pouvoirs d'urgence devra être justifiée devant les tribunaux et que le gouvernement devra démontrer qu'elle est «raisonnable», prévue par une règle de droit et justifiable dans le cadre d'une société libre et démocratique. Elle oblige aussi le cabinet à consulter les provinces avant de l'appliquer.

Enfin, les conservateurs s'étaient engagés à rendre le service de renseignements plus efficace. Même si un tel objectif est difficile à évaluer, on peut dire que le service des renseignements canadiens connut certains déboires: sécurité défaillante des aéroports, attentat contre l'avion d'Air India, infiltration du mouvement syndical (affaire Boivin), etc.

Les conservateurs réalisèrent donc neuf des dix promesses faites dans le domaine de l'administration de la justice.

### La politique fiscale

Les conservateurs avaient dénoncé l'incurie de la politique fiscale du gouvernement libéral à qui ils reprochaient la complexité et l'inefficacité du système des exemptions et des abris fiscaux et aussi l'arrogance manifestée à l'endroit des contribuables. Quelques mois après la prise du pouvoir, ils proposèrent une déclaration des droits du contribuable qui reconnaissait le droit à l'information sur la loi de l'impôt, le droit à l'impartialité dans son interprétation, le droit à la courtoisie et à la prévenance et la présomption d'honnêteté. Mais le seul droit nouveau accordé par le gouvernement conservateur est la possibilité pour le contribuable de conserver les sommes que réclame le fisc lorsque le citoyen conteste la décision. (Voir Discours du trône 1984, p. 6)

Conformément à une promesse électorale faite d'ailleurs par les trois chefs de parti, M. Wilson annonçait le 4 décembre 1985 l'institution d'un impôt minimum de 24 à 27 % touchant les contribuables gagnant 50 000 $ et plus. Cet impôt devait rapporter 300 millions au Trésor fédéral.

Les conservateurs avaient aussi promis de simplifier le régime fiscal canadien qui, de leur avis, nuisait au dynamisme de l'économie. À la suite de l'entrée en vigueur du nouveau système fiscal américain, les conservateurs passèrent à l'action et proposèrent une réforme fiscale en deux phases. Le 16 décembre 1987, le ministre M. Wilson annonçait une série de mesures dont l'objectif était de réduire les impôts des particuliers, d'accroître la part des sociétés et de combler la différence par de nouvelles taxes sur les biens de consommation. Le cœur de la réforme consistait à réduire la table d'impôt de dix à trois paliers: 17 % pour ceux dont le revenu imposable est inférieur à 27 500 $, 26 % pour ceux qui ont un revenu entre 27 501 $ et 55 000 $ et 29 % pour ceux qui gagnent plus. Cette nouvelle table d'impôt devait entraîner des réductions pour 80 % des ménages en 1988. Afin de rendre le régime plus juste pour les familles à faible revenu, la plupart des exemptions personnelles de base, de conjoint, pour enfant à charge furent transformées en crédits d'impôt. L'adoption d'une taxe de vente sur les biens de consommation fut reportée à plus tard, car elle souleva une vive contestation de la part du Québec et de nombreux groupes sociaux. Il semble bien que le nouveau système fiscal ait atteint sa cible électorale puisqu'un sondage révélait que 57 % des Canadiens estimaient le nouveau système plus équitable. (Voir *La Presse*, 19 mai 1988)

Le ministre des Finances procéda aussi à la réforme du processus budgétaire en adoptant le mois de février comme date fixe pour la présentation du budget annuel, ce qui permettait aux provinces et aux agents économiques de mieux planifier leurs propres exercices budgétaires.

En matière de politique fiscale, les conservateurs donnèrent suite aux quatre promesses faites durant la campagne électorale.

### La gestion gouvernementale

Le grand objectif des conservateurs était de freiner la croissance des dépenses publiques afin de réduire progressivement le déficit. Augmenter l'efficacité de l'administration publique, réduire la bureaucratie par la déréglementation, renforcer le mandat du Conseil du Trésor devaient permettre d'améliorer le service au public tout en réduisant les coûts. Il fallait soumettre la fonction publique aux règles administratives de l'entreprise privée et si possible augmenter sa productivité.

Rendre l'administration publique plus productive était définie comme une priorité dans le programme conservateur. Ils s'étaient aussi engagés à effectuer une révision en profondeur des programmes laissés en héritage par le gouvernement Trudeau. Ce mandat fut confié dès le 18 septembre 1984 à un comité interministériel présidé par Erik Neilsen. Conformément à ce que prévoyait le programme du parti, ce comité fit appel à l'expertise du secteur privé et examina à la lumière des principes gestionnaires de l'entreprise privée la pertinence de plus d'un millier de programmes fédéraux. Parmi le contingent de 221 personnes qui participèrent à cette opération, il y avait 102 représentants du secteur privé. Le Premier ministre déclara «qu'il avait demandé au Groupe de travail de remanier de fond en comble les programmes gouvernementaux de manière à les rendre plus simples, plus compréhensibles et plus accessibles à leur clientèle.» (*Introduction au processus de révision des programmes*, mars 1986, p. 1) Cette initiative, en plus d'identifier des moyens de réduire les dépenses de l'État, favorisa l'implantation de la décentralisation et de l'imputabilité dans l'administration publique fédérale.

On a calculé que l'application de la réglementation fédérale nécessitait l'emploi de 35 000 fonctionnaires et coûtait 2,7 milliards de dollars chaque année. Ainsi, en réduisant le fardeau de la réglementation et les formalités administratives, on espérait réaliser d'importantes économies et répondre aux préoccupations du secteur privé. (Voir *Programmes de réglementation*, mai 1985, p. 664) Tel que l'annonçait le programme conservateur, le Conseil du trésor reçut le mandat de revoir la réglementation. Afin d'augmenter la productivité de la fonction publique, le gouvernement conservateur a accordé des primes d'encouragement aux dirigeants des grandes sociétés de la Couronne. Ces primes varient de 10 à 15 % selon l'importance des sociétés. (*L e Devoir*, 4 août 1988)

Les conservateurs procédèrent à de nombreuses privatisations d'entreprises publiques afin de les soumettre aux lois du marché et d'augmenter leur productivité, réduisant d'autant les déficits assumés par les fonds publics: Havilland, Téléglobe Canada (C-38), Arseneaux Canada (C-87), Corporation de développement du Canada (C-66), Société des transports du Nord (C-53), Canadair (C-25), Eldorado nucléaire (C-121). Ils décidèrent aussi de mettre sur le marché 45 % des actions d'Air Canada. Il nous a été impossible d'établir si on exigea des sociétés d'État qu'elles adoptent les critères de gestion du secteur privé.

Durant leur long séjour dans l'opposition, les conservateurs avaient souffert des abus de pouvoir pratiqués par le gouvernement dans l'utilisation de la procédure parlementaire. En conséquence, ils s'étaient engagés à modifier la procédure parlementaire afin de mieux valoriser les compétences des députés. À la suite du rapport du député James A.

Mc Grath, ils adoptèrent une réforme parlementaire qui visait à donner aux députés un meilleur contrôle sur la gestion gouvernementale en augmentant et en systématisant le rôle des comités permanents, en leur permettant d'examiner les nominations par décret, en établissant un calendrier fixe pour les travaux de la Chambre, calendrier qui ne fut pas respecté toutefois, et en faisant élire le président de la Chambre. Ils ne prirent aucune mesure cependant pour réduire les délais dans le déclenchement des élections partielles et contrairement à ce qu'ils avaient promis, le délai moyen entre le jour de la démission d'un député et le jour de l'élection partielle fut plus long (8 mois) sous le règne des conservateurs que durant le dernier mandat libéral (6 mois et 5 jours).

Par ailleurs, les conservateurs qui s'étaient fait élire en dénonçant le favoritisme et le manque de transparence des libéraux, ne purent faire mieux que leur adversaire. La moralité publique du gouvernement fut entachée par une avalanche de scandales qui mina la crédibilité du gouvernement conservateur. Depuis sa formation, celui-ci a perdu dix ministres qui durent démissionner parce qu'ils s'étaient placés en conflit d'intérêt ou parce qu'ils avaient commis de graves erreurs de jugement. De plus, le Premier ministre participa lui aussi à la gabegie en décidant de déplacer un centre de détention dans son comté. Il tenta bien de soumettre son cabinet à un code de déontologie afin d'éviter les conflits d'intérêt, mais ce code ne fut même pas respecté, ce qui mina la confiance de la population. En désespoir de cause, le gouvernement présenta un projet de loi sur les conflits d'intérêt (C-114).

Au chapitre des promesses non tenues, il faut aussi inscrire la révision de la loi d'accès à l'information qui selon le programme conservateur devait être une priorité de son action législative. Les conservateurs n'ont présenté aucun projet de loi à cet effet et n'en ont fait mention ni dans les discours du trône ni dans les discours de présentation du budget. Dans les nombreux projets de loi que nous avons examinés, nous n'avons identifié aucune modification significative relative à la loi d'accès à l'information.

Au chapitre de la gestion gouvernementale, le taux de fiabilité des conservateurs est de 75 % puisqu'ils ont réalisé douze de leurs seize promesses, trois promesses ne furent pas remplies et une est impossible à vérifier.

Tableau XII
Tableau récapitulatif pour la mission gouvernementale

|  | réalisées | | non réalisées | NSP | Total |
|---|---|---|---|---|---|
| Relations féd-prov. | 4 | 50 % | 4 | | 8 |
| Dével. régional | 2 | 100 % | | | 2 |
| Justice | 9 | 90 % | 1 | | 10 |
| Fiscalité | 4 | 100 % | | | 4 |
| Gouvernement | 12 | 70 % | 3 | 1 | 16 |
| Total | 31 | 77,5 % | 8 | 1 | 40 |

## LA MISSION INTERNATIONALE

En matière de politique internationale, le programme conservateur insistait sur le développement du commerce extérieur, sur la révision de la politique de défense et sur l'aide au développement. S'autorisant d'un «mandat de changement national», Joe Clark publia en 1985 un livre vert qui révisait pour la première fois depuis 1970 la politique extérieure du Canada. Ce document affirmait un préjugé favorable à l'Occident et aux États-Unis et s'en prenait au «risque militaire» représenté par l'Union soviétique. Il insistait sur les interdépendances entre le système économique, les relations politiques et la sécurité nationale afin de bien situer le débat sur le commerce international qui devait être une priorité de la politique internationale du Canada.

Le libre-échange canado-américain n'était pas à proprement parler au programme des conservateurs et ne fut pas débattu durant la campagne électorale mais tout le monde savait que le prochain gouvernement canadien aurait à mettre cette question à son agenda politique. La Commission Macdonald, créée par le gouvernement Trudeau, n'avait-elle pas conclu à la nécessité du libre-échange après une longue et coûteuse enquête? Les conservateurs pour leur part s'étaient engagé à tout mettre en œuvre pour augmenter les exportations canadiennes et lutter contre le protectionnisme, ce qui pouvait à la rigueur constituer une engagement discret en faveur du libre-échange. Ils s'estimaient donc mandatés pour amorcer les négociations. La principale réalisation de leur mandat fut sans conteste la négociation de cet accord de libre-échange avec les États-Unis, question qui suscita le débat public le plus intense de leur mandat et qui souleva l'opposition du Parti libéral, du NPD, du mouvement syndical et du gouvernement ontarien. Pour leur part, le Québec et les provinces de l'Ouest appuyèrent la démarche du gouvernement conservateur.

Le ministère des Affaires extérieures rationalisa ses activités de représentation à l'étranger en réduisant son personnel et ses immobilisations de 4 % et en fermant certaines missions diplomatiques afin d'investir ces ressources dans l'ouverture de nouveaux consulats accentuant la mission commerciale des affaires extérieures, principalement dans le bassin du Pacifique. Le rapport annuel du ministère des Affaires extérieures révèle que pour l'année 1986-1987 il y avait 430 employés dans les missions canadiennes à l'étranger qui travaillaient dans la section «Développement commercial» comparativement à 389 en 1984-1985. Le ministère des Affaires extérieures participa à des campagnes de promotion des produits agricoles canadiens à l'étranger et il organisa des tournées industrielles pour aider les petits exportateurs. On créa aussi un comité interministériel de l'expansion du commerce international des produits alimentaires. Il négligea toutefois de créer comme promis une infrastructure internationale pour le commerce des services. Nous ne sommes pas non plus en mesure de dire si les conservateurs ont établi une politique régionale des exportations.

L'action internationale du Canada fut aussi intense à l'endroit des pays du Tiers monde. Lors des sommets du Commonwealth, le Canada s'imposa comme le leader international de la lutte contre l'apartheid. Il participa activement aussi à la construction de la francophonie.

La révision de la politique de défense canadienne était aussi un objectif prioritaire de la politique internationale des conservateurs. Comme promis, ils rédigèrent un livre blanc sur la politique de défense; ils acceptèrent la stratégie de l'OTAN «de recourir en premier aux armes nucléaires pour riposter à une attaque classique en territoire occidental» et accrurent la présence militaire canadienne en Europe en augmentant le contingent de 1 400 hommes; ils renouvelèrent le traité militaire NORAD; ils modernisèrent le système de pré-alerte dans le Nord et renforcèrent la souveraineté canadienne sur le territoire arctique en commandant huit brise-glaces et en créant un parc national sur l'île Ellesmere; ils augmentèrent les effectifs de l'armée de 82 858 qu'ils étaient en 1984 à 86 476 hommes en 1988. (Voir *Budget des dépenses du ministère de la Défense* 1988-1989) Cette augmentation était moins importante toutefois que celle annoncée en campagne électorale. Brian Mulroney avait en effet promis à Chatham (Nouveau-Brunswick) que les effectifs des forces armées passeraient de 82 000 à 90 000 en trois ans. Cette promesse ne fut donc pas réalisée. Enfin, le gouvernement conservateur s'associa au projet de station spatiale américaine en garantissant un investissement de 800 millions de dollars.

Les conservateurs s'étaient engagés à augmenter le budget de la défense, mais sans préciser dans quel ordre de grandeur. Ainsi, même si l'augmentation fut modeste ou du moins plus faible que celle prévue par les spécialistes, on ne peut les accuser de ne pas s'être acquittés de leur engagement. Le budget de la défense connut une croissance continue, passant de 9,3 milliards de dollars en 1985 à 9,6 milliards en 1986, à 10,5 milliards en 1987 pour atteindre 11,2 milliards en 1988-1989. (Voir *Budget des dépenses du ministère de la Défense*) La part des dépenses militaires représentait 9,4 % dans le budget total en 1988-1989, comparativement à 8,8 % en 1983-1984. Cette augmentation relativement faible est malgré tout significative, compte tenu des restrictions budgétaires imposées par ailleurs. Il faut aussi ajouter que les conservateurs ont signé de nombreux contrats pour l'achat de dragueurs, d'hélicoptères, de frégates et de sous-marins qui seront facturés dans les prochaines années.

Les conservateurs donnèrent aussi satisfaction à une vieille revendication des militaires qui désiraient retrouver leur uniforme distinctif pour les trois armes. Tout en conservant un commandement unifié, on redonna aux militaires les couleurs caractéristiques de leurs armes: le vert sombre et le kaki pour l'armée de terre, le bleu marine et le blanc pour la marine et le bleu ciel pour l'armée de l'air. Ce geste symbolique coûta 55 millions. Enfin, le gouvernement conservateur fut un allié fidèle des Américains en politique étrangère. Pour faire contrepoids et montrer la volonté pacifique du Canada, ils nommèrent un ambassadeur canadien pour le désarmement, monsieur Douglas Roche.

Les conservateurs ne réussirent pas à atteindre l'objectif qu'ils s'étaient fixé dans leur programme électoral de consacrer 0,7 du PNB à l'aide au développement. D'abord, M. Wilson annonça dans son discours du budget de 1985 que l'objectif du gouvernement avait été ramené à 0,6 du PNB en 1990. L'année suivante, il plafonna à 2 milliards l'aide au développement, ce qui équivalait à 0,5 % du PNB et il admit qu'il ne pourrait pas atteindre l'objectif du 0,6 avant 1995. On peut ainsi considérer qu'il s'agit d'une promesse non tenue.

Nous estimons que la fiabilité des conservateurs en politique internationale s'établit à 75 % puisque sur les dix-huit promesses faites, treize ont été tenues, trois n'ont pas été remplies et deux autres sont impossibles à évaluer.

## LA MISSION CULTURELLE

Durant la campagne électorale, les conservateurs s'étaient fixé trois grands objectifs en matière culturelle: accroître l'effort de recherche, améliorer la situation économique des créateurs et encourager l'expression de la diversité multiculturelle du Canada.

Pour soutenir l'effort de recherche et l'orienter en fonction des besoins des entreprises, le gouvernement proposa dans le discours du budget de 1986 d'accroître le financement des conseils de recherche en leur allouant 300 millions de dollars de plus jusqu'à la fin de la décennie, mais il liait l'attribution des nouvelles ressources au partenariat entre l'entreprise et l'université.

Lors d'une conférence nationale sur la science et la technologie, le Premier ministre a annoncé des crédits de 1,3 milliard pour le développement scientifique qui devront être investis dans la mise sur pied de centres d'excellence et dans des programmes de bourses en science. Le gouvernement accorda aussi des crédits d'impôt aux entreprises qui investissent dans la recherche-développement. Mais ces efforts furent insuffisants pour remplir l'engagement pris par Brian Mulroney de doubler les dépenses en recherche-développement, échec d'ailleurs reconnu par le Premier ministre lors de cette Conférence nationale. Il s'excusait alors de ne pas avoir tenu sa promesse, imputant la responsabilité de cet échec au secteur privé.

À compter du budget de 1986-1987, le gouvernement décida de consacrer 75 millions par année au financement des industries culturelles: le livre, le cinéma, les arts de la scène, de la musique et du disque. Il entreprit aussi la révision de la loi du droit d'auteur qui datait de 1924. Le projet de loi C-60 reconnaît aux artistes un contrôle sur leurs œuvres, étend la protection du droit d'auteur aux programmes d'ordinateur et institue un système de collecte des droits d'auteurs pour les créateurs. Le gouvernement décida aussi de compenser les auteurs pour l'usage de leurs œuvres en bibliothèque, programme auquel il consacra 3 millions de dollars par année. Mais les conservateurs ne respectèrent pas leur promesse d'encourager les investissements pour la production de films. En effet, la réforme fiscale du ministre Wilson sabra dans les abris fiscaux en réduisant de 100 % à 30 % la déduction fiscale rattachée à un investissement dans l'industrie du cinéma. Ils n'accordèrent pas non plus aux artistes les avantages de l'assurance-chômage et du régime de pension. Cette promesse est restée lettre morte. À notre connaissance, ils n'ont pris aucune mesure particulière pour faire la promotion des talents canadiens à l'étranger. La direction de la promotion artistique au ministère des Affaires extérieures n'accorda que 140 subventions en 1985-1986 comparativement à 185 en 1984-1985.

Le gouvernement conservateur remplit sa promesse de reconnaître la diversité multiculturelle de la société canadienne en faisant adopter une loi de caractère symbolique sur le multiculturalisme (C-93). La politique canadienne consiste à sensibiliser la population à la diversité multiculturelle du Canada. Elle définit le multiculturalisme comme un élément fondamental de l'identité et du patrimoine canadien. Elle assure aussi à l'intérieur des institutions fédérales des chances égales d'emploi et d'avancement. Enfin, elle encourage la préservation du patrimoine culturel des groupes ethniques en leur facilitant l'acquisition et l'usage de leur langue d'origine. Le gouvernement s'est toutefois refusé à créer un ministère du Multiculturalisme ou encore à nommer un commissaire au multiculturalisme comme le lui avait recommandé le Comité permanent sur le multiculturalisme.

Des postes importants du cabinet furent aussi confiés à des représentants des groupes ethniques: Frank Mazankowski, vice-Premier ministre, Ray Hnatyshyn, ministre de la Justice, Otto Jelinek, ministre des Sports, Gerry Weiner, ministre de l'Immigration. Les conservateurs avaient aussi promis de nommer des représentants des communautés culturelles aux conseils d'administration des organismes fédéraux. Il va de soi que les conservateurs ont procédé à ces nominations, mais nous ne sommes pas en mesure d'évaluer quantitativement et qualitativement cette politique. Nous ne savons pas s'ils ont fait mieux que leurs prédécesseurs à ce chapitre.

Il est aussi très difficile d'évaluer la performance des conservateurs en ce qui a trait à la promesse de fournir des services appropriés aux Néo-Canadiens, car il n'y a aucun indicateur pour déterminer ce qu'est un service approprié. Il faut par ailleurs constater que sous la gouverne des conservateurs, le budget consacré par le Secrétariat d'État au multiculturalisme a diminué; alors qu'il était de 25 359 000 $ en

1984-1985, il a été ramené à 24 798 000 $ en 1988-1989. Il faut donc considérer cette promesse comme n'ayant pas été remplie.

Ainsi, le taux de fiabilité pour la mission culturelle s'établit à 40 %: quatre promesses ont été remplies, cinq autres ne furent pas tenues et une est impossible à évaluer.

## LA MISSION SOCIALE

Après bien des hésitations et des déclarations contradictoires, le gouvernement conservateur décida de maintenir l'universalité des programmes sociaux, mais de mieux les cibler afin de les rendre plus efficaces et moins coûteux. Le ministre des Finances a tenté de réduire les dépenses gouvernementales en modifiant la formule d'indexation des pensions de vieillesse, ce qui allait à l'encontre d'une promesse importante faite durant la campagne électorale. M. Wilson déclarait dans son discours du budget de 1985:

> Je propose de modifier l'indexation des prestations de sécurité de la vieillesse et des allocations familiales. À partir du 1er janvier 1986, ces prestations ne seront indexées que sur la hausse de l'indice des prix à la consommation qui dépasse 3 %. Aucun paiement ne sera réduit à la suite de cette mesure. Toute hausse de l'inflation au-dessus de 3 % sera entièrement compensée. (p. 19)

Le gouvernement dut reculer devant les protestations populaires et modifier sa stratégie de compressions budgétaires. N'eût été de la vigilance de l'opinion publique, les conservateurs n'auraient pas respecté leur engagement de garantir la sécurité du revenu aux personnes âgées.

Après cet échec, le gouvernement revint à son programme électoral et présenta diverses mesures législatives afin d'améliorer les prestations du régime de pensions. Il décida d'étendre le programme d'allocations au conjoint à tous les veufs et veuves âgés de 60 à 64 ans. Cette mesure devait coûter 200 millions et toucher 85 000 personnes, principalement des femmes. Le gouvernement a aussi augmenté les pensions aux anciens combattants. Les conservateurs ont bonifié l'aide fiscale aux cotisants à un régime enregistré d'épargne-retraite. Ils ont présenté des mesures législatives afin que les travailleurs puissent prendre une retraite anticipée. Ils ont omis par contre de remplir la promesse qui visait à établir un régime de retraite pour les personnes au foyer.

Ne pouvant réduire son déficit en coupant les dépenses consacrées au régime de retraite qui représentaient environ 11 milliards de dollars, les conservateurs s'attaquèrent au programme des allocations familiales. La loi C-70 présentée par le ministre Epp réduisait les allocations versées aux familles à revenu moyen en appliquant la formule de désindexation proposée par M. Wilson, en réduisant les exemptions d'impôt pour les enfants de moins de 18 ans et en augmentant les crédits d'impôt pour enfant aux familles à faible revenu. Le principe de l'universalité a été maintenu mais son application a été différenciée selon les niveaux de revenus.

L'universalité de l'accès aux services de santé fut maintenue. Les conservateurs ont aussi convaincu les provinces de ne pas pratiquer la surfacturation. Le ministère de la Santé s'est donné pour objectif «de réorienter les services de soins de santé dans les provinces en faveur d'une intensification de la prévention et des programmes communautaires». (*Budget des dépenses*, ministère de la Santé, 1988-1989, p. 2-27) Mais le budget du «Service et promotion de la santé» ne fut pas augmenté de façon substantielle compte tenu de l'inflation. L'enveloppe de ce service s'est accru d'environ 500 millions entre 1985 et 1988, soit environ 4 % par année, ce qui équivalait à l'inflation. Les conservateurs n'ont donc pas ajouté de fonds supplémentaires à ces programmes.

Les conservateurs adoptèrent une série de mesures afin de promouvoir l'égalité économique et sociale des femmes. La loi C-62 visait à améliorer la situation des groupes victimes de discrimination sur le marché du travail: les femmes, les handicapés, les minorités visibles, les autochtones. Cette loi oblige les entreprises de 100 employés et plus à se donner un programme d'équité professionnelle et à déposer un rapport annuel à cet égard sous peine d'amende. De plus, la ministre Flora MacDonald a menacé d'écarter de la liste des fournisseurs du gouvernement les employeurs qui ne rempliraient pas leurs engagements en matière d'équité. L'opposition a critiqué la timidité de la loi, lui reprochant d'être strictement incitative, de n'avoir imposé aucun calendrier de réalisation et de ne pas avoir prévu de mécanisme d'exécution efficace.

Le gouvernement tenta de prêcher par l'exemple en faisant accéder sept femmes au cabinet et en augmentant la proportion de femmes dans l'administration publique fédérale sans atteindre toutefois l'objectif fixé durant la campagne électorale qui était de doubler la représentation des femmes dans la fonction publique. La ministre Pat Carney prévoit que d'ici 1991, les femmes occuperont 15,2 % du total des effectifs dans la haute administration publique alors qu'en décembre 1987, on ne comptait que 10,6 % de femmes dans cette catégorie d'emplois. (Voir *La Presse*, 20 mai 1988) Il faut reconnaître que même si les conservateurs n'ont pas atteint leur objectif, ils ont fait des efforts pour nommer des femmes à des postes prestigieux; ils nommèrent par exemple une femme à la Cour suprême, une autre à la présidence du Conseil des sciences ainsi que la première femme générale dans l'armée. Ils autorisèrent aussi les femmes à occuper des postes de combat, ce qui n'était peut-être pas une priorité pour les groupes féministes. Le rapport d'étape sur les progrès de l'équité en matière d'emploi dans la fonction publique fédérale montre que cette politique a permis de doubler les effectifs féminins au sein des organes de décision fédéraux. Il y a eu progression de 108 % dans la catégorie de la gestion et de 103 % dans la catégorie administrative. (Voir *Le Devoir*, 25 juillet 1989)

Afin de préparer les femmes à entrer sur le marché du travail, le gouvernement conservateur a modifié les normes des programmes de formation afin d'accorder des subventions plus élevées aux employeurs pour former les femmes. Il a aussi augmenté de 50 % les achats de place de cours à temps partiel. (Voir *Budget des dépenses*, ministère de l'Emploi, 1986-1987, p. 3-38)

Il faut ajouter au crédit des conservateurs la refonte de la loi sur le divorce C-47 qui visait à rendre les procédures moins coûteuses en reconnaissant l'échec du mariage comme motif suffisant pour l'obtention du divorce. Ils établirent aussi un système national pour contrôler l'exécution des ordonnances de pension alimentaire.(C-48) Ces mesures eurent un effet immédiat puisqu'un an plus tard on constatait que le nombre d'actions en divorce avait triplé. (voir *L e Devoir*, 26 août 1986) Ils adoptèrent un programme de 40 millions pour lutter contre la violence familiale, programme qui doit entre autres financer la création de 500 nouvelles unités d'hébergement pour les femmes battues. Ils abrogèrent les dispositions discriminatoires de la loi sur les Indiens qui privait les femmes indiennes de leur statut lorsqu'elles épousaient un Blanc (C-31). Ils modifièrent enfin le code criminel afin de combattre la prostitution et la pornographie (C-49).

Pendant la campagne électorale, le Parti conservateur avait été prudent et bien pris garde de s'avancer trop loin sur la question des garderies se contentant de promettre d'étudier la question. Ils purent facilement remplir leur engagement en proposant d'investir 4 milliards au cours des sept prochaines années et de créer 200 000 nouvelles places en garderie. Leur plan d'action en matière de garde d'enfant consiste à donner des subventions pour la création de nouvelles places en garderie et à rendre plus abordables les services de garde en augmentant de 2000 $ à 4000 $ les déductions fiscales par enfant. Les parents qui préfèrent garder leurs enfants à la maison se voient attribuer un crédit d'impôt équivalent. Ottawa offre aussi d'assumer 75 % des dépenses d'immobilisations des garderies à but non lucratif et demande aux provinces de payer le reste.

Il faut donner raison au Premier ministre Mulroney qui déclarait devant la Fédération nationale des femmes conservatrices que son parti avait rempli ses engagements.

(*Le Devoir*, 30 mai 1988) À ce chapitre, les conservateurs en ont même fait plus que ce qu'ils avaient promis.

Le gouvernement conservateur a procédé à une refonte des programmes fédéraux en matière de logement. (C-111) À cet effet, le ministre responsable de la SCHL a proposé un plan d'action «Orientation nationale de la politique de logement» qui définissait trois objectifs: accroître la participation des provinces, diversifier les programmes de logement social et accroître le rôle du logement coopératif en le rendant accessible aux personnes disposant de revenus moyens. Le ministre a aussi décrété un gel des budgets consacrés à la rénovation pour le logement social préférant investir dans la construction de maisons neuves. Le gouvernement a accepté d'effectuer un remboursement partiel des pertes encourues par le Fonds d'assurance hypothécaire et de relever le taux des primes afin d'améliorer la situation actuarielle du Fonds. (Voir Rapport annuel de la SCHL, 1986, p. 30) Ces diverses mesures correspondaient aux engagements pris.

Dans le discours du trône de 1986, le gouvernement a annonçé de nouvelles mesures visant à favoriser l'essor du bénévolat en remplaçant la déduction pour dons de charité par un crédit d'impôt, ce qui était plus équitable pour les salariés moyens. Il s'était aussi engagé à faire enquête sur les activités politiques des organismes de charité. L'attribution du statut d'organisme de charité fut refusée à plusieurs organisations bénévoles sous prétexte qu'elles faisaient du travail politique. Mais les critères définissant ce qu'est une activité politique semblent avoir eu pour effet d'avantager des groupes socialement conservateurs comme Pro-vie ou Alliance-Québec.

Le thème de l'environnement, qui était totalement absent du programme du parti, n'avait été abordé que timidement par Brian Mulroney durant la campagne électorale. Les conservateurs furent amenés par les pressions de l'opinion publique à faire plus que promis aux électeurs. Le Premier ministre fit plusieurs interventions vigoureuses auprès du président américain pour que l'administration américaine s'engage à réduire les émisssions d'anhydride sulfureux de 50 % pour 1994. Mais ces interventions ne furent pas couronnées de succès, les Américains refusant de s'engager sur un calendrier et des objectifs précis. Par ailleurs, le gouvernement conservateur fit adopter une Charte des droits de l'environnement et une loi de protection de l'environnement (C-74) afin de réglementer le déversement des déchets toxiques. Cette loi prévoit l'évaluation de tout nouveau produit avant sa mise en marché et impose des peines sévères aux pollueurs: 5 ans de prison et des amendes pouvant aller jusqu'à 1 million à toute personne reconnue coupable d'avoir provoqué un désordre écologique. Ils établirent un programme pour éliminer l'essence au plomb d'ici 1992.

Au chapitre de la mission sociale, le taux de fiabilité des conservateurs est donc de 77 %: quatorze promesses ont été réalisées, deux ne le furent pas et deux autres sont difficiles à vérifier.

# Conclusion

# Le dilemme de l'électeur

Cette recherche ne démontre pas que la parole de l'homme politique est d'or. Mais elle tend à prouver que le citoyen peut raisonnablement se servir du discours électoral pour prédire les actions gouvernementales, que le parti au pouvoir tend à être responsable et à faire ce qu'en campagne électorale il avait dit qu'il ferait. En effet, nous avons découvert que pour la période de 1984-1988, le taux de fiabilité général du discours conservateur est de 73,9 %.

Tableau XIII
Tableau synthèse de la fiabilité
selon les missions de l'État

| Missions | réalisées | | non réalisées | | NSP | total |
|---|---|---|---|---|---|---|
| | n | % | n | % | | |
| économique | 46 | 76,6 | 9 | 15 | 5 | 60 |
| gouvernementale | 31 | 77,5 | 8 | 20 | 1 | 40 |
| sociale | 14 | 77,7 | 2 | 11,1 | 2 | 18 |
| internationale | 13 | 72,2 | 3 | 16,6 | 2 | 8 |
| culturelle | 4 | 40 | 5 | 50 | 1 | 10 |
| total | 108 | 73,9 | 27 | 18,5 | 11 | 146 |

Si on soustrait les cas des promesses non vérifiables, la performance de fiabilité des conservateurs passe alors de 73,9 % à 80 %.

Les résultats de cette recherche confirment donc les études américaines et canadiennes. Nous avons vu précédemment que les recherches de Pomper et de Krukones couvrant plus de soixante ans d'élections présidentielles américaines arrivent à des taux de fiabilité variant de 72 % à 80 %, alors que la seule étude canadienne sur le sujet établit à 71,5 % le taux de fiabilité des partis canadiens pour les élections fédérales de 1945 à 1979. On peut affirmer à la lumière de ces résultats que la performance de fiabilité des conservateurs fut raisonnablement satisfaisante, se situant même légèrement au-dessus de la moyenne. Notre étude nous a aussi permis de constater que c'est par rapport aux politiques culturelles que les conservateurs ont été les moins fiables.

Il semble donc justifié de conclure qu'on peut faire confiance au discours électoral de l'homme politique qui, une fois élu, respecte la plupart de ses engagements électoraux. Il traduit son mandat électoral en programme législatif. Cette proposition serait encore plus vraie lorsqu'il s'agit d'un parti qui sort de l'opposition. Il arrive alors au pouvoir avec un programme bien élaboré et cherche à le réaliser. Un parti qui est déjà au pouvoir attachera moins d'importance à l'élaboration de son programme et comptera davantage, pour se faire réélire, sur le bilan de son administration. Dès lors, s'il est réélu, il se sentira moins lié par ses engagements électoraux. Cette hypothèse reste évidemment à vérifier.

Pourquoi l'homme politique a-t-il tendance à être fiable? On peut supposer à priori qu'il est fidèle à ses promesses parce qu'il lui en coûterait trop cher de faire autrement, parce qu'il a peur de ne pas être réélu, parce qu'il craint les critiques et les protestations s'il ne respecte pas ses engagements et enfin parce qu'il adhère à l'éthique de responsabilité.

Puisque nous avons établi que la performance de fiabilité des politiciens était raisonnable, comment dès lors expliquer le préjugé persistant ou l'image négative que les citoyens entretiennent à l'endroit de l'homme politique? Plusieurs recherches, aussi bien aux États-Unis qu'au Canada, ont montré qu'il y avait un déclin de la confiance envers ceux-ci. Ainsi, une enquête réalisée par Harold Clarke révélait que 75 % des Canadiens avaient une perception négative des partis et des politiciens, alors que seulement 15 % manifestaient des attitudes positives envers ces objets politiques. (Voir *Political Choice in Canada*, Toronto, Mc Graw-Hill, 1979, p. 31; et aussi Arthur Miller, «Political Issues and Trust in Government», *American Political Science Review*, 1974, p. 951-1001) Cette enquête révélait aussi un paradoxe, car malgré leur attitude négative envers les acteurs politiques, les Canadiens estimaient dans une proportion de 84 % que les élections étaient importantes, ce qui montre à tout le moins que les citoyens ne se sentent pas totalement aliénés et qu'ils croient malgré tout à la valeur de la représentation politique. Comment dès lors expliquer le phénomène de la négativité politique?

La première raison de cette négativité tient peut-être à la nature même de l'activité politique. L'action politique, que ce soit celle de l'homme politique, du militant ou de l'électeur, ne donne jamais de résultat immédiat. Il y a toujours un écart entre l'action et son effet. La déception politique serait donc inhérente à la représentation politique parce que celle-ci fonctionne en différé. Ainsi, lorsqu'il vote, l'électeur fait un pari sur l'avenir et il entretiendrait une image négative de la politique afin de compenser le risque de se tromper. La négativité servirait à réduire le coût psychologique de la non-satisfaction possible des attentes.

On peut aussi avancer une autre explication de nature psychologique.

En effet, plusieurs chercheurs ont montré que l'individu a tendance à accorder plus de poids à une information négative qu'à une information positive parce qu'il vit dans un environnement globalement positif et que dès lors son attention est plus attirée par ce qui sort de l'ordinaire ou par ce qui déroge à la norme. De plus, ce biais négatif général est renforcé par les médias qui jouent sur ce ressort psychologique et accordent eux-mêmes plus d'importance aux erreurs ou aux scandales qu'aux aspects positifs de l'action gouvernementale. (Voir T. Patterson, *The Mass Media Election*, New York, Preager, 1980) Ainsi, l'électeur est plus porté à blâmer le gouvernement pour ses échecs qu'à lui donner crédit pour ses réussites. (Voir Richard R. Lau, «Negativity Effect in Political Behavior», *American Political Science Journal*, février 1985, p. 119-138) Les hommes politiques sont eux-mêmes responsables de la négativité politique qui est dans une certaine mesure inhérente à la vie politique. Les basses tactiques électorales, la corruption et le spectacle permanent de parlementaires qui se dénigrent et s'injurient réciproquement n'incitent certainement pas le citoyen à percevoir positivement l'homme politique.

De plus, la politique étant l'art du possible, le choix politique suppose par définition une part d'incertitude quant à l'avenir. Le candidat est forcé par la loi de la concurrence de répondre aux critiques de ses adversaires et aux attentes de l'électorat. Il aura alors tendance à faire croire qu'il peut beaucoup. Même s'il ne le pense pas, il doit faire comme s'il avait le pouvoir de faire beaucoup. S'il avouait par avance son impuissance, il ne serait pas pris au sérieux. De plus, une fois élu, sa marge de manœuvre est très restreinte car il n'est pas vraiment maître de l'ordre des priorités; il est constamment accaparé par des problèmes qui n'étaient pas prévisibles au départ et qui drainent la plus grande part de ses énergies et de ses ressources. Il doit aussi affronter d'autres forces que les électeurs: la force de résistance des fonctionnaires et la force de pression des groupes d'intérêts qui sollicitent constamment son attention. L'élu est enserré dans un écheveau d'influences et de contraintes qui limitent son pouvoir et l'empêchent de réaliser toutes ses promesses. Il doit arbitrer des conflits et trouver des solutions de compromis qui ne correspondent pas nécessairement à son projet initial. Il semble bien qu'une bonne dose d'illusion soit nécessaire à l'engagement politique, de sorte qu'il est difficile de distinguer cette saine inconscience de la pure mauvaise foi. En somme, si le politicien se trompe et fait de fausses promesses, c'est essentiellement parce qu'il doit composer avec l'incertitude. Il serait donc raisonnable de lui concéder une marge d'erreur dans ses choix avant de mettre en cause sa fiabilité.

On pourrait avancer une autre hypothèse pour expliquer le réflexe de méfiance de l'électeur envers l'homme politique. Obligé de se prononcer sur une multitude de questions au fil de l'actualité, tenu aussi de plaire à ses clientèles, d'attirer la sympathie de nouveaux électeurs ou encore de répondre aux pressions de groupes d'intérêt, il peut être tenté de prendre des engagements inconsidérés ou de se comporter comme s'il avait des solutions à tous les problèmes. Comme il doit gérer des ressources rares et qu'il ne peut par conséquent satisfaire tout le monde, il ne pourra que décevoir ses commettants.

Quoi qu'il en soit, la plupart des analystes s'entendent pour dire que les partis politiques ont intérêt à être fiables s'ils veulent être réélus et qu'ils le sont effectivement car, en dernière instance, ils sont contrôlés par l'électeur, qui a le dernier mot. La théorie démocratique postule en effet que la confiance est un des critères du choix de l'électeur et que celui-ci devrait soutenir un parti qui a tenu ses promesses électorales car sa performance peut servir de garantie pour l'avenir.

Mais la réalité est toujours plus complexe que le modèle construit pour en rendre compte. Chaque électeur doit en effet résoudre le dilemme suivant: doit-il faire davantage confiance au parti gouvernemental qui s'est montré fiable qu'au parti d'opposition qui, s'il est élu, devra à son tour se montrer fiable? On a constaté que, en règle générale, les partis d'opposition offrent à l'électeur des programmes politiques plus élaborés et plus précis que le parti gouvernemental, qui se contente bien souvent de faire valoir le bilan de son administration et de proposer quelques projets pour l'avenir. Comment alors réduire l'incertitude? Peut-on prévoir avec plus de certitude les actions législatives d'un parti qui a un programme élaboré que celles d'un parti qui mise principalement sur ses réalisations passées pour obtenir la confiance des électeurs? Un parti qui obtient un deuxième mandat n'aura-t-il pas tendance à être moins fiable? N'y a-t-il pas un plus grand risque de se tromper quant aux actions législatives à venir en réélisant un parti qui s'est montré fiable qu'en élisant un parti d'opposition qui voudra être réélu en cherchant à respecter ses engagements électoraux? Il n'y a évidemment pas de critère qui permette de répondre à ces questions qui, de toute façon, commanderaient une autre recherche comparant les taux de fiabilité d'un parti après un premier mandat et après un second mandat.

Enfin, le choix de l'électeur ne peut dépendre uniquement de la performance de fiabilité car, d'une part, l'électeur, dans le monde réel, ne dispose pas du temps nécessaire pour établir le bilan de l'action gouvernementale et juger la fiabilité des partis, et, d'autre part, la fiabilité n'est qu'une des variables qui peuvent déterminer le choix de l'électeur car l'évaluation que ce dernier fait des partis en concurrence dépend aussi de son appréciation de la moralité publique, du leadership des partis, de ses préférences idéologiques et des avantages qu'il a reçus des actions gouvernementales. Cette multiplicité de facteurs limite donc la capacité prédictive de la théorie politique.

10 août 1988

Achevé d'imprimer
en septembre 1988 sur les presses
des Ateliers Graphiques Marc Veilleux Inc.
Cap-Saint-Ignace, Qué.